最後56天，最想跟爸媽一起做的那些事

春光編輯室——編著

The 46 things of my wishlist with my parents in the last 56 days

目錄

如果只剩下56天，
你想對爸媽做的事情、說的話、一起完成的願望……

如果我們和父母相處的時間，只剩下56天，
如果我們只來得及為他們做一件事、說一句話、彌補一個遺憾，
你，想要做些什麼？

這是46個眞實故事，也是46個最眞誠的心願，
愛要及時，請不要等到最後，才後悔沒有說出那句話……

第1件

做一道幸福料理

有一次陪朋友去醫院幫他住院的父親送飯，當時朋友提著一瓶湯罐笑說：「這裡面的晚餐可是價值好幾千呢！」

我看著他手中晃蕩的湯罐，心想，裡面絕對是高級食材！

到了醫院，朋友的父親鼻孔插著氣管，朋友熟練地捋起父親身上的一根管子，裝上漏斗般的器具，跟他爸爸說：「爸，吃飯了。」說完，就將湯罐裡黏稠的液體倒入管子內。

後來我才知道朋友的爸爸得了鼻咽癌，無法從嘴巴進食，必須把食物絞成汁液，透過人工食道倒進胃裡。此時只見朋友的爸爸彷彿「吃」得津津有味，一副怡然自得的滿足狀。

走時，朋友問爸爸明天想吃什麼？他爸爸早有準備地拿出一張寫好的紙條，我湊過去一看，上面寫著明天想吃的「菜單」：滷豬耳朵、北京烤鴨、乾煎鯧魚、鐵板牛柳、明蝦沙拉……朋友抿嘴笑著說：「最近胃口不錯唷，照辦！」

走出醫院，我不禁想起住在南部的爸媽。前幾天，八十三歲的爸爸在電話裡說，媽媽啃甘蔗時把牙齒咬壞了，必須重換一套假牙，所以現在每天只能吃粥，不能咀嚼硬物。

趁著假期我南下返家看望，到家時已近深夜，平常這時間爸媽早已熟睡，媽媽卻說她會等我回家幫我開門。門打開的那一剎那，我看見沒有牙齒只剩下牙床的媽媽，兩頰凹陷、下巴內縮，像極了當年老太婆模樣的外婆。我表面不動聲色但內心波濤洶湧，曾幾何時，我那愛美又重儀態的媽媽，在那晚卻呈現老邁、衰弱的模樣出現在我面前。

「我的樣子看起來很老吧？」媽媽有些羞澀地說。

我捧著媽媽的臉，手掌摩挲著她溫潤的臉頰，眼眶強打住溢滿的淚，笑說：「皮膚這麼好，我媽怎麼會老？」媽媽的臉頓時像開了朵花，癟著嘴咯咯地笑個不停。

那晚，我一夜輾轉，腦海裡想到的都是朋友的爸爸進食的畫面，霎時，我覺得自己好粗心，只想著自己已步入中年，卻忘了父母也有垂垂老矣的一天。我決定把握相處每一段時間，只要南下返家，我每回都要做一道美味的菜餚，好入口好咀嚼，珍惜和爸媽一起圍坐在餐桌前的時間，品嚐屬於我們家幸福的味道。

第 9 件

準備一個「天堂旅行箱」

星期天的中午太陽有點大，我站在熙來攘往的忠孝東路街頭，看著一位拄著拐杖的胖胖老太太從馬路那頭緩緩走過來，臉上帶著微笑，扶了扶因陽光而變色的眼鏡說：「走吧！往前走幾步就到了。」這就是我和我的老媽媽午餐約會的開始。

這家號稱六十年老店的上海餐館，席間不少老先生老太太在此享受家鄉美食，看著他們帶著滿足的笑容買單離開，服務人員親切地說：「爺爺奶奶慢慢走喔，小心樓梯！」老媽不禁感觸地說：「年紀大了，要活在當下，想吃什麼就吃，想幹嘛就幹嘛，在能力範圍內好好享受生活，不要跟自己過不去，要健健康康多活幾年。」我心想，不知道我到這把年紀的時候，是不是也有福氣能這樣自在地吃吃喝喝？

三年前老爸過世之後，老媽堅持一個人獨居在新店的老家，陽台上的盆栽依然茂盛，家裡的擺設也一如往昔，但四十幾坪的公寓還是顯得冷清。不過這位七十幾歲的老太太也沒讓自己閒著，早上睡到自然醒，看著書桌上的行事曆，該去醫院拿藥就去拿藥，沒有醫院的行程就約老朋友吃飯看展覽；不想出門的時候也不勉強自己，在家裡歇歇腿、抱著電話一一向老同學們噓寒問暖。她老人家的生活似乎比我這個年輕人還要充實，說不上多采多姿，但也的確沒讓老年孤寂在她身上發生。

老媽忽然想起了什麼似的，開心地說：「我在人間衛視台聽到一個法師演講，法師說只要在世的時候立的遺囑都有效，最好呢，自己準備一個天堂旅行箱，把自己最後想穿的衣服，想帶走的東西都放在裡面，存摺印章啊遺囑啊都放進去，幫自己人生的終點好好打理個箱子，做好去天堂旅行的準備，這樣後人就不會手忙腳亂不知所措。」

這就是我的老媽！冷靜又樂觀，嚴肅的生死問題也能豁達地談論它。或許是這些年老伴兒走了，老友也一個一個離開，所以老媽更是以隨性的心情過日子，充分享受屬於她的老年生活。

冬天的太陽感覺特別溫暖，我們娘倆兒手牽手漫步著，沒有什麼特別想去的地方，就是曬曬太陽隨便走走。握著老媽的手，心裡想著：我何其有幸能做您的女兒，別無所求。如果還能有十年、二十年、無數個十年，我多麼願意繼續牽著這雙手，陪著她走完她的愜意人生。

爬山

第3件

最近，我正在經歷失去父親的過程。

這幾年，父親以一種穩定的速度衰老、退化，原以為，他是會慢慢地老去、睡去，沒想到，一向身體健朗的他被診斷出已是癌症末期。他的身體與心智，失速般地下墜，雖知道那一天總會到來，我也以為自己準備好可以接受這人生的必然，但面臨的時候，依然錯愕。

期待父親康復的希望一再落空，躺在病床上的他無助地讓手忙腳亂的我們替他擦藥、餵藥、灌食、清潔，以期緩解越來越加劇的病痛。也許，這就是我們最後的相處模式了，我心裡這麼想。

那一天，天氣十分清朗，父親難得地想要下床。

我用輪椅推著他在醫院的走廊散步，最後停在一扇窗前看風景，窗外是綴著幾朵白雲的藍天，還有層巒疊翠的遠山。我們對著窗默默凝視，心中懷著各自的心事。

「這種日子真該去爬爬山的。」父親突然冒出這麼一句。

小時候每到假日，父親總愛帶全家人去爬附近的一座小山，因為那是不需要任何花費的娛樂。長大後，我們開始嫌棄千篇一律的爬山活動，一個又一個，我們脫離了父親的隊伍，連母親也覺得無趣而寧可待在家裡。但只要是天氣好的假日，父親仍然一大早就不見蹤影，到了隔天，鞋櫃上就會出現一雙沾了泥土雜草的鞋子，我們想，父親應該又去爬山了。

後來，我在偶然的機會中也愛上了爬山。常常跟朋友揹上睡袋飲水乾糧，在山裡走上幾天幾夜，舉目盡是雄偉的山脈、美麗的雲彩、參天的林樹……我興沖沖地跟父親分享在山中所見到的一切，並邀他一起去，可父親只是笑笑，擺擺手，什麼也沒說。

從母親口中我才知道，父親後來其實沒去爬什麼山，只是到郊區為已逝而無親人的同袍掃掃墓，到他們墳前說說話。爬山，對年紀漸長的他而言，已經太艱難了，而我們的疏於陪伴，不知讓他有多寂寞啊！

「這種日子真該去爬爬山的。」坐在輪椅上的父親說。

我看著窗外的遠山，也好想好想去山裡走走，更渴望的是，能和父親一起去，像小時候那樣，手牽著手，一步一步慢慢走。

但是這一天，也許就像窗外的遠山，是在窗內的我們永遠無法觸及的了。

看樱花

第 4 件

每當夜深人靜時，總會回憶起多年前我牽著母親的手，在櫻花樹下散步的情景。記得那時媽媽嘆了口氣，說：「我快要死了，對吧？」那一幕總是讓我潸然淚下，久久不能自已。

我們家有五個兄弟姊妹，從小父親就離家不知所蹤，家計全由媽媽一肩扛起。大二那一年，媽媽因為四肢水腫，終於做了生平第一次的全身健康檢查。報告出來了，卻超過我們的承受範圍，媽媽得了肝癌。

我們不敢和母親說這個報告結果，也不知從何說起。後來我們決定，由母親的小兒子我，來問問媽媽的心願，至少讓一生辛勞的媽媽可以少一點遺憾。

我永遠記得那一天，天氣晴朗，有微微的風，我看似不經意地問了母親：「媽，今天天氣很好喔，多曬太陽多休息，妳很快會好起來的！等好了之後，妳有沒有什麼以前一直想做卻沒做的事？我們陪妳一起做！」

母親勉強提了提精神，說：「阿弟仔，媽媽最想做的事，就是出國看櫻花，以前一直沒有機會去，真不知道何時可以去。」看著母親的病容，我嘴上答應著，可心中仍不禁一陣刺骨的心酸。

醫師說，母親的體力已無法負荷長途旅行，但仍好心地告訴我們，阿里山的櫻花最近要開了，可以帶母親去賞花。

那一日是個略帶涼意卻晴朗的好天氣，我們終於成行。一路上母親始終掛著笑臉，她拉著我的手，要我陪她一起走在灑滿櫻花的步道上，她說：「阿弟仔，媽媽最不放心的就是你，媽媽以後也不能一直陪在你身邊，你要找個好媳婦來照顧你，知道嗎？」我說：「媽，不要亂說啦！」此時，母親只是一邊看著盛開的櫻花，一邊嘆氣地說：「阿弟仔，我快要死了，對吧？」我一時無言，為何母親會知道這個祕密？

母親笑笑地說：「阿弟仔，我知道你們的心意，我最想做的一件事，就是全家一起出國旅行。自你爸離家後，家裡根本沒有閒錢出國，這是我對你們最感覺虧欠的地方。可是你們今天彌補了我的遺憾，謝謝你們，我很高興。」我迅速抹去一滴溢出眼角的眼淚，我的媽媽，好容易滿足。

幾個月後，母親離開了我們。每到櫻花季節，我就想會想起那一天，想到媽媽的願望，以及媽媽的笑臉。

第5件

抱一下

上了大學之後就離開家鄉的我，這幾年派赴上海，回家的時間更少了。每次過年返南部老家，每要出門時，媽媽總是喟嘆著說：「如果家鄉有工作做，一家人能住在一起不知道該多好。」

每次聽到媽媽這一番話，心裡總不禁揪一下，有點愧疚、有點不捨，感覺百味雜陳。

有一年的除夕，我頭一次無法返鄉。那天晚上我撥了電話回家，接電話的爸爸說：「你媽媽前幾天騎車出門，被旁邊衝出來的機車撞倒了。人還好沒怎樣，只是腿有點骨折，她叫我不要跟你講。」我心一驚，哥哥妹妹都已另組家庭，家裡始終是老媽伺候著老爸，現在媽媽不良於行，這兩個老人家該怎麼辦？

那晚，我一夜輾轉，想起小時候媽媽帶著我要去北港媽祖廟拜拜，我們擠沙丁魚般地坐進巴士內，不識字的媽媽在車上問人，才知道坐錯了車，過了一站後媽媽急急忙忙地下車，正要抱我下車時，司機卻把車門關上，呼地揚長而去。媽媽沒命地嘶吼：「我的兒子在車上！」一路狂追巴士幾十公尺，直到前方的路人看見了，才幫忙把車攔下。媽媽上氣不接下氣的，一把抱住我緊緊地摟在懷裡，當時驚嚇過度忘了哭泣的我，卻在媽媽的懷裡號啕大哭，而含著眼淚的媽媽則一直拍著我的背，跟我說對不起。

隨著年齡增長，開始懂事之後，我和大多數人一樣，不再喜歡媽媽牽我的手或是親暱地摟抱，但人在異鄉聽到媽媽受傷的訊息，竟後悔起為何自己要逃避媽媽溫暖的懷抱。

工作告一段落之後，我終於有假期可返台看望。回到家，看到拄著拐杖站在門前老態龍鍾的媽媽，竟一時無法和記憶中那個強壯的媽媽連結起來。家裡的燈光多麼溫暖，而我卻視若不見，捨棄了身邊的幸福而遙奔海外盲目尋覓。

假期結束時，我再度收拾行李準備前往機場，臨行依依，媽媽又不捨地說：「家鄉如果有事做，一家人住在一起不知道該多好！」我一手抱著媽媽，一手摟著爸爸，輕鬆愉快地跟他們說：「我很快會回來的！」

在飛機上，我想著自己要用幾天的時間來打包行李。不管外面的世界多誘人，我決定回到有爸媽的家，多抱他們幾年，不要有遺憾。

第6件

再牽一次手

媽媽的肝一直不好，大四那年，她的肝喪失功能，沒辦法排水、排毒，下肢積水，嚴重地腫脹起來，大半時候得以輪椅代步。

我還是對媽媽的病情樂觀，心裡想：「她肝不好，我把健康的肝換給她就是了。」那年四月，一到黃昏，只要天色晴朗，我就推著母親到住家後山的步道，做短程的步行運動。我想，她看見藍天綠樹，動一動，或許就會開心一點吧！

有一次，我輕輕牽起她的手，休息的時候，我們握著手聊天，她叨叨絮絮地說：「我們家從大房子搬到小房子，小房子搬到沒房子。」「你唸書需要用錢的時候，我們家從有錢到沒錢，破產了……」

「我擔心你找不到好工作。」媽媽繼續說著，因身體病痛而疲憊的臉上，帶著一點哀愁。我知道，我一直是媽媽疼愛的小兒子，她最擔心我。

我的心被觸動了，感到跟母親之間一種久違的親近，在這之前，我們常常吵架，或許是想證明自己吧！那時我的想法偏激、叛逆，寧可欠信用卡債養活自己，也不願意回家。

九月，母親住進醫院，爸爸傳簡訊給我，告訴我媽媽的情況不好。我到病房的時候，他們正在爭吵。媽媽拉起棉被把頭罩住，生氣的爸爸一把將被子掀起來，我第一次看見媽媽哭得這麼厲害。對我，媽媽總是說：「死也沒什麼，人都會走到這一步。」但或許在真正面對死亡的時候，她也是那麼脆弱、也會害怕。

那晚，我在病房陪母親，她忽然生起氣來，罵我不成熟，讓她擔心，更晚一點時，因受不了一直抽腹水的折磨，神情恍忽的媽媽竟動手拔掉身上大大小小的管子，喃喃地說：「好了吧？可以了吧？夠了吧？」我慌了，幾個護理師進來制止她，而媽媽也在慌亂中被推進加護病房。

另一個早晨，醫師通知我們：「有一個合適的捐肝者，可以動換肝手術了。」但是媽媽的腹腔已受到病毒感染，在那一個夜晚停止了呼吸，媽媽還是等不了那麼久。

閉上眼睛，我清楚地記起那天母親手掌的溫度。我想像以前一樣，跟她手牽手一起散步，我想把工作的辛苦抱怨給她聽，每個月一領到薪水，就請她吃飯，一如平常地聊天吃飯。如果還有機會，那該多好？

第7件

一起回憶美好時光

「我真想去桂林玩啊！」

全家人不約而同、回頭看著坐在沙發上發話的爸爸。一輩子不愛出門，最遠的一次行程，是二十歲時抽到「金馬獎」去金門當了兩年兵的爸爸，突然有感而發似地吐出這句話，著實嚇了大家一跳！我們沒人附和，爸爸的發言就這麼不了了之。但這句消失在空氣中的話語，不知怎地卻印在我心頭上，那個晚上，我徵得了先生的同意，於是這個女兒加女婿加岳父大人的奇特組合，就在我的自告奮勇下出發！

自十三歲以後，我沒有任何和父親出遊的印象和經驗，由於這次是父親生平第一次搭飛機、第一次出國，想到這些「突破」，身為女兒的我比他還要興奮許多！不過也由於這次的旅行，我才發現自己對父親的了解少得可憐。

我們抵達桂林的第一天，進了旅館安頓下來後，晚上旅行團安排的是搭船夜遊漓江，正打算開始開心享樂的我，卻發現爸爸走路的速度太慢，即使攙著他、甚至有些半強迫逼他加快速度，仍然只能看著隊伍的尾巴逐漸遠去，還要我先生上前去提醒領隊，我們才勉強不致脫隊。

接下來幾天，我更加戰戰兢兢，一定要把爸爸「夾帶」在身邊。與陌生團員同桌吃飯時，爸爸完全不敢伸手挾菜，每一道菜必須一一徵詢他的同意後，再替他挾進盤子裡。幾天同遊後，團員都稱讚我和先生孝順，但箇中滋味只有我們清楚，尤其當團員裡有兩位超過八十歲以上卻聲如洪鐘、健步如飛的老先生時，我只能心中叫苦，並暗自發誓下次再也不自討苦吃了。

回國一個月後，家人意外發現爸爸的生活能力開始出現異狀，進行一連串的檢查與評估後，確定爸爸罹患了中度的失智症。很多才剛做過的事，他都不記得了，行動也變得更加遲緩，看來一家人要再共同遠遊的機會是微乎其微了……

某個假日我回去看爸爸，發現他正在看旅行社送的漓江簡介ＤＶＤ。我試著問他是否記得去過這裡，他眼睛發亮地回答：「有啊，那天晚上真水呢……」不知道爸爸還能記住這些景象多久，此刻我卻深深地慶幸，憑著自己的一股傻勁，在爸爸人生記憶逐漸消逝前，還來得及將燦爛的漓江夜色，烙印在爸爸的腦海中。

第8件

歡唱卡拉OK

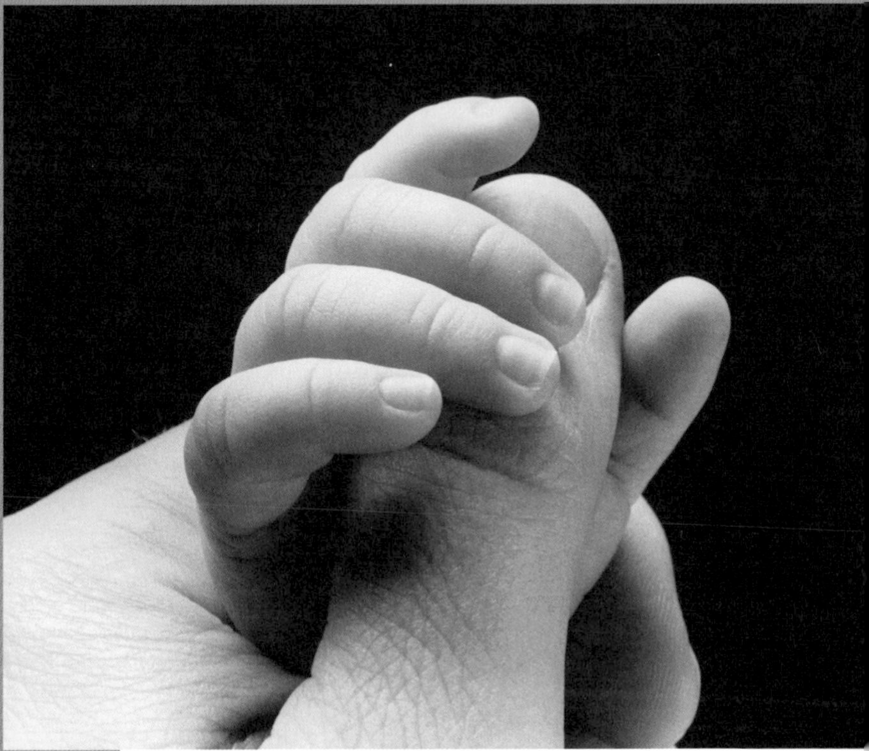

《聖經》上記載，上帝造人花了七天的時間。

七天後，是爸爸的生日。

一個月前，腦海中即不斷盤算著如何幫老爸辦壽筵，直到媽媽的一通電話，等不及生日的到來，我必須立即決定，這七天內要如何面對這個突如其來的難題。

心中一直希望是媽媽的誤解，我私下再向主治醫師確認一次，至今仍無法忘記醫師溫柔卻堅定地回答：「是，黃老先生惡化的速度很快，最慢，應該不會超過一個禮拜……」之後呆坐了多久，我已經完全沒有印象。

七天，不是上帝創造生命的恩賜嗎？現在卻成了把奪走爸爸的喪鐘。職場上身經百戰、採訪過各式災難現場永無懼色的我，現在真的慌了！

一夜無眠後，隔天一早我請了年假回到台中老家，我和媽媽都不希望爸爸的最後一段路，是在醫院的插管和急救中度過。我們一家三口哪裡也不去，彷彿家中是最後的庇護所，或許能夠躲過上帝無情的召喚。看著瘦弱但精神還好的父親，我強顏歡笑、提高音調對他說：「爸，今年提早幫你過生日喔！我訂了一套全新的卡拉OK送你，你愛唱的台語歌，這裡面都有吔！」爸爸輕點著頭，擠出笑容說：「舊的那套還能用啦，送給老王好了，他兒子怕花錢都不給他買……」我說好。

由於家族人丁單薄，為了努力營造家裡熱鬧氣氛，接下來的幾天，我把鄰居的叔伯姨嬸輪番找來唱新的卡拉ＯＫ，一時間家中從台語歌曲、民謠小調一路唱到愛國歌曲，南腔北調都有。但可以察覺的是，爸爸拿麥克風的時間越來越短，大多時間只是坐在一旁躺椅上看著大家引吭高歌，不過即使再累，嘴角仍有一抹的淺笑。

等不到七天，爸爸在第六天卡拉ＯＫ聚會曲終人散後，撒手人寰。

禮儀公司的人迅速有條理地布置完靈堂，禮儀師貼心地詢問：「黃先生，還有沒有什麼需要我們做的？」

「……請你燒一套全新的卡拉ＯＫ給我爸爸，要有最新的台語歌選單的那一種……」這樣，愛熱鬧的老爸應該就不會無聊了吧？

至於那套用不到七天的全新卡拉ＯＫ，我以爸爸的名義捐給了附近的老人之家，這樣老人家的歌聲也能不絕於耳了，我心裡這麼想著。

第9件

說出那句話：我愛你

當兩條粗粗的紅線逐漸清晰時，我呆住了。

即使立刻丟掉了驗孕棒，也丟不開我已經懷孕的事實。

原本應該是喜訊，對我來說卻有如喪鐘，因為我還沒有結婚，甚至不確定是否想跟孩子的爸共度一生。在紙包不住火的情況下，我正式掀起了家中的風暴。

大哥首先發難：「誰做的就叫他出來負責啊，總不能要我們自己吞啊！」

二姊緩頰：「其實這是他們兩個自己的事。妹，妳要不要找阿祥商量一下比較好？」

一向脾氣火爆的爸爸此時只是漲紅了臉，沒有發表意見；而怯懦的媽媽噤若寒蟬，深怕打慣了她的爸爸，會把矛頭指向她的管教無方。

氣氛降到了冰點，我的心也無止境地往下沉。

其實，我是愛孩子的，只是不確是否要因此嫁給那個讓我懷孕的男人。對我們這個保守傳統的家庭來說，無法接受未出嫁的女兒拖著孩子的敗德行徑，日後如何在親朋好友、左鄰右舍的異樣眼光中自處？

肚子裡不停成長的小生命，有如催促著我下決定的生理沙漏。和男友商量後，無可救藥的樂觀，讓他毫不在乎地答應以婚姻作為解決所有問題的手段。

家人在得到了滿意的答案後，認為問題獲得解決，此事便可塵封歸檔。

這時只有媽媽看出了我的為難，在婚禮前幾天，她居然破天荒地提出了此生最有力的主張：「阿妹，妳如果不想嫁阿祥，孩子可以生下來，媽媽幫妳養，妳爸爸要打要罵我攏嘸要緊！」看著微胖的母親一向喜怒不敢形於色的臉，我能想像她是鼓起了多大勇氣，才能提出這個會讓阿爸暴跳如雷的提議。我轉過身怕她看見我的眼淚，淡淡地說：「不會啦，結了婚就好了，妳不要想那麼多啦！」真的會好嗎？其實我比她還要沒有信心。

十年後，孩子大了，我的經濟能力也變得更穩固後，我選擇離開私生活一塌糊塗的阿祥。一路走來，支撐我的，除了孩子天真的容顏和做母親的責任之外，就是對媽媽的一份感念。每當回娘家時，我會要求兒子們像擁抱我一樣地抱抱阿嬤，並且說：「阿嬤，我愛妳。」即使這一輩子我們從不曾對彼此說過這一句話，但藉由孩子們的傳達，媽媽，妳聽到了嗎？

和爸媽一起去旅行

第 10 件

我常年在大陸工作，每年會回台灣探望父母家人三、四次左右。父親或母親三不五時也會飛過去看我，我就陪著父親或母親到處遊玩吃喝，可惜的是，他們總是各自單獨前來，我多麼希望，有一天可以看到他們一起出現在機場。

在我的記憶中，父母親從未一起旅行過。以前可能是礙於經濟因素，現在我們這些孩子長大了，也都各自成家立業，可以負擔起扶養他們的責任，讓他們到處遊山玩水並不是件難事，不過，卻出現了另一個問題。

聽妹妹說，平常在家裡，只剩父母親獨處時，他們的溝通方式都「很大聲」，說得通俗一點就是「吵架」，所以彼此壓根不會想要一起出國旅行，就怕在人生地不熟的異鄉萬一吵了起來，吵完了又必須繼續同行，不然回不了家的窘境。

我很喜歡旅行，尤其喜歡和朋友一起旅行，我覺得旅行可以更了解自己，也更認識另一個人，尤其在不熟悉的地方，更容易產生相依為命的情感。

一次旅行，有時會改變兩個人的關係。就我自己而言，每次跟父親或母親旅行，在共同經歷了美好的事物、擁有相同的回憶後，感覺總是會更親近些。

記憶中最深刻的一次旅行，是跟母親和妹妹三個人去東南亞的海島之旅。夜晚時分，我們躺在沙灘上看星星，徐徐的海風，加上一波又一波的海濤聲，觸動了母親心底的溫柔，她幽幽地說起了年輕時的往事、對人生的夢想，以及對我們的期盼。在那一刻，我對母親產生了從未有過的疼惜，也好希望父親能跟我們分享那時的一切。

父母親沒度過蜜月，上了年紀之後更是吵個不停，我想，如果能為他們安排一次旅行，也許他們的相處模式會有所改善。當然啦，我還是得當個電燈泡，適時地當他們的潤滑劑。

去哪裡不是最重要，重要的是，希望父母能發現、並珍惜身邊人，了解攜手人生旅途的緣分。但願能藉著旅行，讓他們日後在獨處時，有共同、美好的記憶可以回味，把旅行中的美好，一直延續到日常生活中，就這樣玩到天荒地老，快樂幸福到老。

每週親筆寫家書

第11件

兩年前，我和Martin結婚定居倫敦，還記得在台灣宴客結束即將回英國之前，媽媽滿是憂慮的神情。她說我從小就沒有離開家那麼遠過，再加上異國的婚姻和生活文化差異，她打從心裡不能放心。爸爸雖然不斷安慰媽媽，但也囑咐我要多寫信，讓他們知道我的生活狀況。

回到英國後，適應及打理生活的一切，讓我覺得既新鮮也辛苦，何況現在科技日新月異，連賀年卡都E化了，誰還寄信啊？也就將這件事拋諸腦後了。

隔年十月，突然接到爸爸的電話，說他們兩老想見識一下白色耶誕，我知道他們想來看我，因此就著手計劃接待他們的細節。在將近十天的耶誕新年假期裡，除了一些名勝地標的觀光行程，我還安排了爸媽與素未謀面的Martin父母一同用餐及旅遊，聯絡兩家人的感情。假期結束後，我看得出來雖然嚴寒的氣候讓老人家有點辛苦，但爸媽十分開心。臨上飛機前，爸爸還是一句叮嚀：「有空多來信！」不過隨著假期結束、生活回到柴米油鹽中，我始終還是沒有提筆寫家書。

約莫兩週後，家中的信箱多了一封航空郵件，是爸爸來信了。我估計著應該是報平安之類的話，其實打個電話也就行了，但看完內容後，我哭了，久久不能自己。

信的內容大意是：「我們很滿意這次的假期，看著小女兒不但在事情的安排和待人接物上非常仔細、貼心，同時把家布置地十分溫馨而且井然有序，這和從前在家裡亂丟東西、不會做家事的晶晶完全不一樣了！Martin和他的父母都是很善良的人，把女兒交給這樣的家庭，絲毫不必擔心。我們年紀大了，也許是此生最後一次去英國看妳了，只想告訴妳，爸爸媽媽永遠以妳為榮，希望晶晶能夠永遠幸福。」而爸媽信中的最後一句仍然是：有空多來信！

握著這封家書，我拭去了淚水，翻出信紙開始寫信，自此之後便維持著每週寫一封家書的習慣。有時是告訴他們我學做了什麼新菜、有時則是用拍立得拍下門前庭院裡我親手種的瑪格莉特花。每個禮拜到郵局寄信時，窗口的印度裔青年還會開玩笑地問，是不是我的情人留在台灣？我會笑著回答：「是的，爸爸媽媽就是我永遠掛念的情人！」

陪爸爸返鄉

第 12 件

十多年前的春節假期，我和弟弟跟著爸媽到南京探親，那是我這輩子第一次和爸媽一起旅行。

第一次搭飛機的媽媽很緊張，而即將見到分離半世紀的親人，爸爸的臉上有藏不住的興奮與期待，我和弟弟則是為了能暫時從忙碌的工作脫身，只想好好放空休息。

從一下飛機出海關，我們就被一群人簇擁著。這是叔叔、那是伯伯、還有嬸嬸姑婆堂姊堂嫂……一連串我始終搞不清楚稱謂的親戚，大家又哭又笑地圍著爸爸和我們，爸爸也是又哭又笑的，我從來沒看過他那麼激動的樣子。那是我第一次看見爸爸卸下嚴父角色的那一面，一個我不曾有機會看見的柔軟那一面。

那次年夜飯，我總算體會到圍爐的感覺。以前過年，因為爸媽在台灣沒什麼親戚，我們都是一家四口人吃，儘管菜色很豐盛，卻總覺得有那麼一點冷清。

那一次，爸爸在南京的親戚都來了，一張桌子坐不下，兩張也不夠，叔叔家塞滿了人，大家你一言我一語，說說笑笑的熱鬧聲，連外面的鞭炮聲也相形見拙。那頓飯從傍晚吃到半夜，真的是名副其實的年夜飯。我不記得自己到底吃了些什麼，卻有一種從未有過的滿足，尤其是，看到爸爸媽媽那麼開心的樣子。

後來，爸爸又回了老家幾次，但為了不打擾我和弟弟的工作，他都是和媽媽一起去的。這幾年，爸爸的視力越來越不好，行動開始變得不像以前自如；媽媽年紀也大了，沒有辦法一路照顧他，也就沒再聽爸爸說要回鄉探親的事了。

前陣子過年大掃除，媽媽從爸爸枕頭底下清出一疊旅遊社的廣告單，那是爸爸從信箱收到後留下來的，從紙張摺皺的痕跡來看，爸爸不知翻看了多少次，一個又一個打勾畫圈的行程，是他一次又一次的期待吧？原來他嘴上不說，心裡的思念卻沒有斷過，但是礙於體力、礙於沒有人陪，回鄉之行終是紙上計畫，只能默默地對著廣告風景追想家鄉的模樣。

我和弟弟內心覺得好歉疚，計劃下次過年一定要再抽空陪他們回一次老家，不僅僅是讓爸爸再一次重溫回家圍爐的感覺，我更想順著他們人生的軌跡再走一次，重新地認識他們，然後把他們好好存放在記憶中。

和媽媽撒嬌

第13件

「我自己的女兒，我再清楚不過。妳的脾氣也該改一改了，否則有哪個男人受得了妳？」電話那頭，老媽的語氣難得地溫和、充滿耐性，跟平常吼老爸的樣子簡直判若兩人。

這不是老媽第一次權充我的婚姻顧問，從一開始的客氣迂迴，到如今可以「打蛇打七寸」，一出招就直指要害，這默契絕非一朝一夕能養成。

記得剛步入婚姻的前兩年，為了適應夫家的大家庭，加上沉重的房貸、生活開銷，和提前報到的小寶貝，我一度考慮要到精神科門診報到。或許是身為長女，「報喜不報憂」向來是我和家人的溝通方式，加上婚前娘家並不十分贊成這樁婚姻，導致在婚後和娘家的關係竟是越來越淡了。

「嫁出去的女兒，潑出去的水」，曾經是我最痛恨的句子，「離婚」幾乎是每次吵架的結語，唯一捨不下的只有越來越活潑可愛的兒子，天外飛來一句的童言童語，常將一場戰事消弭於無形。

終於，在婚後第三個年頭的大年初二，抱著兒子回娘家時，趁著爺婿幾人在牌桌上摸兩圈時，我們母女倆才有了深談的機會。

「妳瘦了很多，是不是又在亂減肥啦？」與略帶薄責的語氣不搭軋的，是老媽臉上充滿憂慮與心疼的表情，看著老媽的臉，我竟然不爭氣地哭了。邊抽抽搭搭地哭著，卻還是嘴硬地解釋：「我沒事啦，只是最近好累，妳不要亂想啦！」

「傻孩子，妳不知道讓父母分擔妳的煩惱，也是一種孝順的表現嗎？怎樣都好過看著妳越來越不快樂，卻一點忙都幫不上好吧！」

老媽的這番話，神奇地解開我心裡那道鎖。那天下午，我絮絮叨叨地說了很多，就好像小時候放學回家，忍不住想把整天的情形都說給老媽聽一樣。而老媽也不插話，只是偶爾以皺眉、微笑的表情回應我。

那天之後，老媽就成了我的頭牌婚姻顧問，雖然偶爾也會角色互換，在接到老爸求救訊號時，扮一下和事佬。當然，現在雖然報喜也報憂，但憂的部分多半已經大事化小，甚至慢慢地從訴苦，變成一種撒嬌的習慣。

的確，養兒方知父母恩，有媽媽可以訴苦、有媽媽可以共同分享和討論生活的大小瑣事、有媽媽可以撒嬌抱怨，對身為人子的我們來說，豈不就是最大的幸福？

第14件

聽媽媽嘮叨

「日本有什麼好玩的啦？東西貴鬆鬆，實在是浪費錢！」

又來了！我極力壓抑那股不耐煩和怒意，這次的旅遊假期是我千辛萬苦爭取來的，好不容易有機會帶著媽媽和老婆小孩一起出遊，本以為老人家會喜歡北海道的風景，悠閒的氣氛可以讓媽媽稍微緩和一下愛挑剔的習慣，不料還沒開始玩，耳邊又聽到媽媽一貫的抱怨，我心想：「不要聽、不要生氣，忍耐……當作沒聽到就好。」

誰知道，媽媽見我沒反應，加大了嗓門繼續說：「你就是喜歡亂花錢啦！要看風景台灣也有啊，花花草草生得攏嘛差不多，何必要花錢坐飛機來看……」這個旅行就在媽媽挑剔這個嫌棄那個中步入尾聲，我不禁感嘆：「我到底是為誰辛苦為誰忙？費盡心思結果還要惹人嫌，我發誓，以後再也不要做這種吃力不討好的事了！」此時滿肚子委屈的我，含著怨氣往媽媽瞥了一眼，忽然才發現，這一路上媽媽怎麼老是一有空就坐下來摸腿？我不動聲色地觀察，直到回到台灣。

某天，聽聞同事的媽媽突然過世的消息，去電慰問時，同事自責不已地說，在媽媽過世前還跟她吵架鬧脾氣。當下我突然驚醒，我的媽媽已經七十好幾了，自爸爸過世之後，她一個人拉拔我們長大，就算她愛嘮叨，但還能唸我們幾年？

那天晚上回家，我準備了一盆熱水，特地在媽媽睡前靠過去對她說：「媽，天氣冷，我幫妳按摩一下腳比較好睡，好不好？」媽媽很不自在地說：「免啦！睡一下就熱了，有什麼好按的。」說著還把腳縮了縮。我說：「妳給我一次機會啦，妳看水都快冷掉了……」

當我在水中握住媽媽雙腳的那一刻，我的眼淚差點溢出眼眶。我的媽媽，七十多歲的一雙腳，布滿陳年老繭，冬天會龜裂流血，大拇指處還有犯趾溝炎的傷口，難怪媽媽走幾步路就想休息，她從來沒有將不舒服說出口。

我不敢抬頭看媽媽，第一次，媽媽沉默著什麼也沒說，但我感覺到有一隻顫抖的手，輕輕地摸了摸我的頭。突然間，我就像回到小時候，變成那個愛黏著媽媽的小兒子。

有媽的孩子才是寶，嘮叨一點又有什麼關係？如果可以讓媽媽多唸幾年，不也是一種幸福？

一起去游泳

第15件

「先生、先生，你的會員證呢？要憑會員證才能進去哦……」在服務人員的詢問聲中，我狼狽地回過神來，這是我第三天跟蹤媽媽了。

事情發生在我剛從英國唸完書回來那一年，也許是時差的關係，我發現每天早上五點一到，母親就會躡手躡腳出門，在爸爸七點起床前，她又若無其事地回來準備早餐。媽媽臉上都會有一抹暈紅、身上帶著若有似無的香皂味，讓我覺得十分詭異，因此決定在不驚動爸爸的狀況下跟蹤媽媽！

清晨五點出頭的小巷裡幾乎沒有人，我必須更小心掩飾行蹤，以免事跡敗露。令我驚訝的是，在家裡一向拘束且鬱鬱寡歡的媽媽，在出了家門的小路上居然開始哼起歌來，這是我從來不知道的媽媽。約莫十來分鐘到了大馬路上，媽媽身旁多了一位頭髮花白的男人，兩人併肩而行，不知情的人會以為他們是一對結褵多年的夫妻吧？

我的擔心並非空穴來風，之前父親和他的女祕書外遇事件爆發後，全家陷入空前的低氣壓，我不懂得如何去安慰母親的心碎，只能以再出國進修之名暫時逃避。兩年後再度回到這個家，卻又發現行跡可疑的媽媽，在好奇心的驅使下，做出讓我自己都訝異的私家偵探的行為。

過不了多久，媽媽和白髮男士突然轉進了附近的某所大學，我鬆了口氣，並偷偷詢問服務人員：「請問一下，你剛才說會員是什麼會員啊？」

「游泳池的會員啊，你不是來參加晨泳班的嗎？」

「哦……是我弄錯了，不好意思。」就這樣，我可笑的跟蹤也隨之落幕。

在我和弟弟的兩場結婚喜宴上，都還曾出現過名為「晨泳班」的保留席，可見媽媽很重視這份屬於她個人的時光與興趣，不過就在風光的婚禮後，爸媽最終還是離了婚，爸爸仍和我們一起住，但媽媽則毅然決定搬出去獨居。

至今，我仍然無法忘記晨光微風中，媽媽踩著輕快腳步和低聲吟唱著去享受晨泳的景象。原來，我一直都不曾真正了解過她啊！身為旱鴨子的我，實在不敢、也不想在中年時還從水母漂學起，但為了多和媽媽相聚，我請媽媽來擔任剛滿四歲的兒子，人生中的第一個游泳教練，每個早晨藉著悠遊水中的時光，讓祖孫倆串起永不離散的天倫之樂！

第16件

為爸媽安排一次蜜月旅行

飯桌上，父親為母親挾了幾條四季豆，一個尋常的動作，卻讓飯桌上漫起一股異樣的氣氛。父親的耳根開始泛紅，我和外子忍不住趁著替女兒調整座位的空檔，相視一笑，更多的感動和欣慰從心底浮起。

三年前，第一次帶著瑞典籍的外子回娘家過年，他的一個疑問，提醒了我對父母關係的忽視。「你爸媽好奇怪，分房睡就算了，跟對方講話的時候也很兇，他們最近吵架了嗎？」

私下問了嫂嫂，才知是因為媽媽嫌爸爸會打呼，爸又嘮叨媽媽帶著小孫子睡覺，半夜老是被吵醒，才在兩年前開始分房睡。如今，雖然哥哥已把小孩接回身邊，爸媽仍維持分房，大家也見怪不怪，從沒想過要過問。

但在外子的提醒下，才讓我有機會細想，老爸打呼了一輩子，老媽沒道理到現在才受不了吧！更何況，他們雖然從年輕時就常為生活瑣事吵吵鬧鬧，但現在與其說是吵架，倒不如說有些賭氣、冷戰的味道，連我這個從小在「打是情，罵是愛」教育下長大的人，也不禁覺得有異。

和哥哥嫂嫂商量後，我們決定幫爸媽修復一下感情，補度一次蜜月，時間就選在他們的結婚紀念日。雖然在爸媽的討價還價中改為全家旅行，但京都初秋時美到不行的楓紅，和我們精心策劃的「放鳥計畫」——讓兩位老人家足足獨處兩天，事後看來，的確在這對老夫老妻間起了一些化學變化。

在回程的飛機上，老媽不再堅持將孫子帶在身邊，老爸也不再從頭到尾都埋首於報紙雜誌裡。回到家後，老爸甚至還提議下個月不妨到東部去走走，老媽則是罕見地不喊著「浪費錢」表示反對，而是輕輕地說出：「好啊！可以到我們當初度蜜月的地方去洗溫泉。」講完才驚覺有些失言，在大家的訝異眼光下紅了臉。

如今，老爸老媽雖然仍維持分房的習慣，但聽嫂嫂說，他們偶爾會在傍晚時，一起在附近的學校走走，老爸出門去朋友家泡茶時，老媽偶爾也會同行。

二度蜜月，原來有著這麼神奇的魔力！讓我不禁開始考慮，要不要也替自己和外子規劃一趟甜蜜的旅行？

第17件

來 一次深夜聊天

從來沒想過，「失眠」二字是這麼令人難受，在第一次工作上出現重大危機時，它找上了我。

因為全球性的金融海嘯席捲而來，從事理財顧問的我首當其衝，每天都要面著客戶的恐慌、埋怨和謾罵，閉上眼睛，白日裡客戶的哭訴咆哮還在耳邊迴繞，讓我根本無法成眠。更揪心的是，當初為了衝業績，也說服了爸爸撥了一部分退休金買了「保證保值」的連動債，雖然金額不致影響到退休後的生活，但如今看來只能當打了水漂兒了，心裡掛記著卻不知該如何處理它。

等到最壞的時機過去，回想著這幾個月來經歷的一切，所有的疲倦、焦慮和委屈一瞬間湧上心頭，反而讓我更難成眠。我悄悄地起身倚著陽台抽起戒了一段時間的菸，我有點出神，沒發現爸爸何時出現在我的身後。

「爸，這麼晚了，您還沒睡啊？」我有點慌亂地想隨手熄掉香菸。

「等等，給我，好久沒抽了。」爸爸接過了菸，看著黑暗中微弱的火光映照著爸爸的側臉，我更說不出話了。

「公司的事情都處理完了嗎？」過了一會兒，爸爸淡淡地說。

「嗯，差不多了，能做的我們都做了，只不過有些事也不是我們可以挽回的……」我有點在為自己辯解著。

「記住，只要我們不偷、不騙、不搶，問心無愧就行了，不過我看新聞裡說，好多老人家都賠了棺材本了，你們真的要好好幫這些人想辦法，不要造業了。」爸又吸了一口菸，隨即摁熄了煙說：「我相信你知道怎麼做才對，早點睡吧！」

「爸……」我遲疑地喊出：「對不起，您投資的錢……」

爸爸揚揚手說：「算啦算啦，當做給你學經驗繳個學費吧！對啦，別告訴你媽抽菸的事，醫師說我血壓高要戒菸。早點睡吧！」

直到爸爸辭世後，每當我心裡有難題時，就會在夜裡到陽台上站一站，點起香菸卻不抽，看著緩緩升起的煙、想著爸爸會建議我怎麼做，有點感傷但是心情卻格外輕鬆。老爸，我永遠不會忘記那一晚和你的men's talk！

一起去聽音樂會

第18件

「我身騎白馬走三關，改換素衣回中原，放下西涼無人管，一心只想王寶釧。」媽媽一邊曬衣服，一邊還想著《薛平貴與王寶釧》。

家裡有一台舊式的平台鋼琴，平日裡爸爸、我和妹妹都會哼哼彈彈的，只有媽媽和它最不熟。媽媽大半輩子的時光，都在這個以媽祖為信仰中心的小鎮中度過，對布袋戲、歌仔戲和各式廟會的陣頭、八家將如數家珍，唯獨對於我們彈的巴哈、莫札特一竅不通，她常常自嘲是我們家的異類。

唸研究所時，我的論文是和台灣多元文化交流有關的題目，除了實地的田野調查和翻閱參考文獻之外，總覺得有些隔靴搔癢，於是開始對媽媽問東問西。令我驚訝的是，對於我的問題她都能對答如流，甚至說得比書上寫的還要生動，讓我對她刮目相看。

不過談話之間，媽媽有點自卑於學歷不高、讀書不多，甚至怨嘆起每次我們父女三人一起彈琴時，她就像個局外人，完全沒辦法融入。為了報答媽媽解救我的論文於火水，我籌劃了一系列的「古典音樂入門一〇一」行動。

首先，就是潛移默化。我先挑選了一套市面上評價甚佳的古典音樂CD和解說導聆書，讓媽媽在家裡吸地、曬衣甚至炒菜時都播放著。

第二步，從生活中認識起。但凡我們有機會一起看電視、外出，只要有古典音樂出現，舉凡連續劇、廣告的配樂、手機鈴聲、音樂盒、餐廳賣場的背景音樂，甚至是垃圾車的音樂聲，都是讓媽媽認識古典音樂的好時機。

第三步，實際體驗。在父母結婚三十週年那一天，我和妹妹買了火車票和音樂會門票，一家四口準備到台北國家音樂廳欣賞音樂會。看得出來媽媽有點緊張，一直問我要穿什麼衣服才不失禮、樂章中間能不能拍手之類的問題。

到了金碧輝煌的音樂廳裡，媽媽不斷地發出讚嘆；看到龐大的管弦樂團和各式新奇的樂器時更是興奮不已。我還特地為她買了節目單，透過朋友關係請指揮幫她簽了名，而作為她生平第一場音樂會的紀念，可愛的媽媽回去之後居然把節目手冊裱了框立在鋼琴上。也因為這場音樂會，媽媽打破了心中那道無形的藩籬，將我們一家人的心攏得更近！

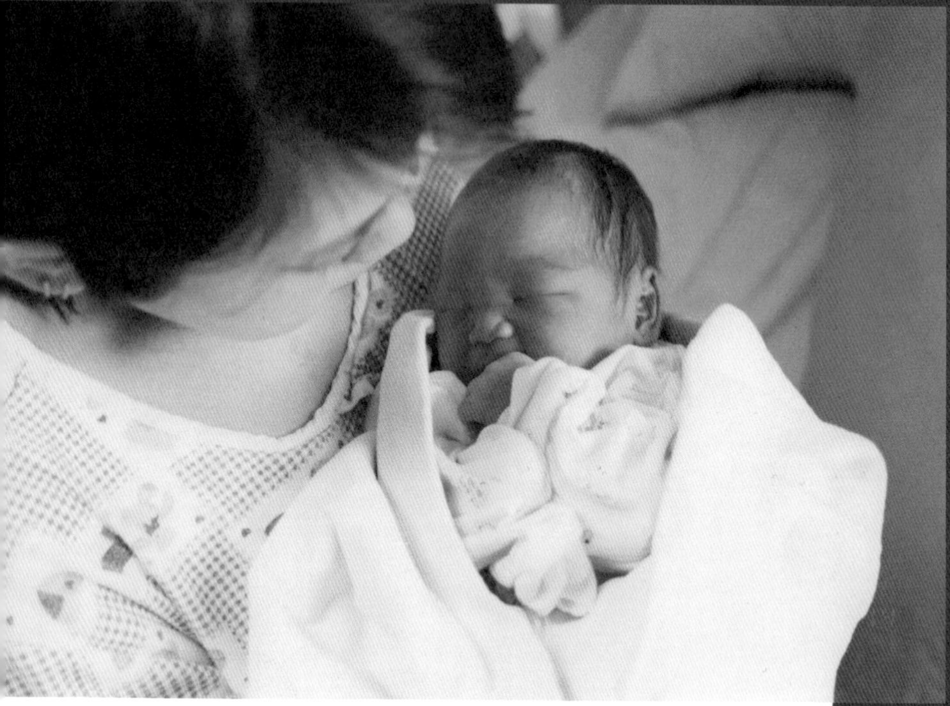

第19件

送媽媽一束鮮花

小學的美勞課，總會有一堂課是在五月初，紅綠兩種色紙用剪刀細心的剪出鋸齒邊，接著小手慢慢捲出不太工整的康乃馨。嚴格說來，應該是我送給媽媽的第一朵花。

放學後，正忙於家務的媽媽收到這朵花時笑了，笑得很甜蜜。這朵有點歪歪的康乃馨會在她的床頭躺到褪色為止。

長大後，每年西洋情人節，媽媽總會從晚上我有沒有捧著鮮花回家，來判斷我目前的感情狀況，殊不知其實有好幾年的時間，都是我的姊妹淘訂來給我充場面的。望著這些五顏六色、滿室芬芳的鮮花，媽媽總要端詳好一陣子，眼裡滿是艷羨。

父親過世得早，保守的媽媽寡居多年並沒有發展任何異性關係，雖然我們一直勸媽媽，遇到合適的對象不必有任何避忌，我們都會全力支持。不過媽媽似乎並不積極尋找第二春，因此我們幾個兄弟姊妹都會格外注意不讓媽媽太孤單。逢年過節的聚會是一定要的，母親節、媽媽的生日更得全員到齊上館子，外加雙手奉上精心挑選的禮物。

媽媽的生活圈很單純，平日除了兼差性質的工作，就是晚上去社區大學上課、跳跳土風舞什麼的。我們送的名牌皮包、金飾、化妝品之類的禮物，她很少使用，之後我們改走「實際」路線，送補品、泡腳機、按摩椅等養生用品，但媽媽覺得我們太浪費，也自認還沒老到需要這些東西。倒不是金額高低的問題，我總覺得收到這些禮物，都沒能讓她真正地開心。

隔年的西洋情人節前，我決定瘋狂一下，給媽媽一個驚喜！

我用了兄弟姊妹們的名義，訂了九十九朵紅玫瑰加巧克力的大花束，還點綴了一顆粉紅心形氣球，指定花店送到她白天兼差的超市裡。收到花束當下，媽媽完全愣住了，這下換一旁的同事們滿眼艷羨，而卡片上寫著我們的署名和愛媽媽長長久久的字句，以及晚上與我們一起共度浪漫情人節的邀請。

那個晚上，看著媽媽捧著大花束來到餐廳，聽著她訴說同事們的打趣和羨慕等趣事，媽媽嬌嗔地直說害羞死了，以後別再這麼整她了。但從她發亮的眼睛和紅粉緋緋的雙頰，我知道，這次的禮物真的送到她心坎裡了！

第20件

幸福的擦背

洗澡，在中國人的觀念中是件私密至極的事情，親子共浴這個概念也只限於孩子還小的時光裡。我的記憶中，完全沒有和父母一起共浴的印象，有時不經意撞見父親或母親裸露的身體，都是一陣驚訝和尷尬。

在我的觀念中，要人幫忙洗澡的時候只有三種：嬰幼兒、無行動能力的老人家和傷殘人士。除了小孩之外，其他總之不會是太好的狀況，最好能免則免，能夠自己洗澡才是福氣與健康的象徵。

這個刻板印象，在一次日本行當中，讓我有了改觀的機會。

九月份的北海道花季已過，少了一點嘈雜、多了一份悠閒。我和兩個弟弟說好招待爸媽來一趟全家人的北海道之旅，在溫泉勝地登別的日式溫泉旅館，享受傳統一泊二食美好服務。Check in之後，我們五男二女分為兩個隔鄰的房間，女將此時貼心地建議我們可以在傍晚時先去泡溫泉，之後再回來享用旅館的特色料理。因為男女湯分開，所以男女分隊，我和媽媽決定一起去泡大眾池的裸湯。

雖然我們嘴上都沒說，不過這可是三十幾年來我們母女第一次「坦誠相見」，表面上若無其事，但確實有些小彆扭。稍微沖洗淋浴後，我們迅速地鑽進池子裡。池裡的氤氳熱氣讓人格外放鬆，一旁的日籍住客都安安靜靜地享受著這個時光，我和媽媽也不好大聲說話。四處觀察了一會兒，我看見兩名老婦人互相擦起背來，便想依樣畫葫蘆，而媽媽在我的堅持下，也只好半推半就地接受我的「服務」。

「記得妳小時候也幫我擦過背嗎？」

「啊？有嗎？我們有一起洗過澡嗎？」

「當然有啊，妳那時候大概三歲吧，不過後來媽媽懷了弟弟，肚子大了就不方便了。」小毛巾浸著溫泉水，我的手在母親的背上輕輕地擦拭著，聽著她說著三十年前的回憶。

「每次洗澡妳都賴著不出來，還要我哄半天，後來媽媽幫剛出生的弟弟洗澡，妳也一直說要幫忙洗，害我手忙腳亂地讓弟弟嗆了一口水。」說到這裡，母女倆已經笑成一團，一旁的日本住客聽不懂我們聊些什麼有些莫名其妙。不過難得這樣放鬆的私密時光，原來能為健康開朗的母親擦背，也是我的另一種幸福呢！

做一次「親密接觸」

第21件

走出會場，心裡還是很納悶，為什麼一場教育訓練，會變成一個心靈雞湯似的布道大會？原本是針對業務員進行的陌生拜訪、電話禮儀，乃至握手方式的訓練，竟在講師無心的一個問句：「在場曾握過父母的手的人請舉手？」意外掀起一陣波瀾。

或許是因為講師對父母的遺憾引起共感，但我也深深懷疑，是不是講師看到台下多數人已陷入昏睡，才刻意用這種方式召回大家的注意？總之，在回家的途中，「握父母的手！握父母的手！」就變成腦袋中揮之不去的口號！效力比我以往參加的任何一場布道大會還要驚人，以致於回家看到老媽時，竟然不太敢正視她的眼睛。

之後幾天，即使我刻意漠視那個聲音，但在看到老媽擦桌子、挾菜、抱小孩時，總忍不住盯著她的手直看。這才發現某個知名化妝師說的果然沒錯：「女人最容易洩露年齡的，其實是她的手！」

記得在爸媽泛黃的婚紗照裡，老媽交叉置於腿上的手纖細而修長，曾幾何時，這雙手的指節竟然變寬了，失去光澤的皮膚則像被風乾的皮革……「握老媽的手！握老媽的手！」至此變成時不時就衝上心頭的念頭。

好幾次，在門前接過老媽採買的食物時，在自告奮勇拿過濕衣服去曬時，都曾經有機會「趁機」握住老媽的手，但無奈實在想不到接下來的情節該怎麼發展，就只好放棄。

幸好，天可憐見，在一次全家到量販店採買，一夥人大包小包地回到停車場時，一輛從前面急駛而來的車子，沒有細想的，我立刻一手抄起走在右邊的兒子，左手拉著老媽的手，把兩人帶到一旁。雖然只有幾秒鐘的時間，但老媽略帶薄繭而溫暖的手心，卻讓我印象深刻。

更讓我難忘的是，老媽在安慰完孫子後，一邊拉起驚魂甫定的孫子，一邊牽著我的手走向停車處時，掛在她臉上的那個幸福的表情。

原來，一個牽手的動作竟可以帶給她老人家這樣的感動！我反握緊媽媽的手，感覺自己就像回到跟兒子一樣的小時候，暗暗開心地盤算著，下一次，我一定要找機會，和爸爸來個同樣的「親密接觸」！

第 22 件

每天陪爸媽說話十分鐘

知名作家龍應台說：「所謂父女母子一場，只不過意味著你站在小路的一端，看著他逐漸消失在小路轉彎處，你和他的緣分就是今生今世不斷地在目送他的背影漸行漸遠。而且他用背影默默告訴你：『不必追。』」

當我看到這段充滿感嘆的敘述時，生平第一次，我好想回頭好好地看看爸媽，他們的臉龐是否還是我記憶中的臉龐？

不知道從什麼時候開始，我總想離開家。在外地工作的我，每次都要家裡的電話催了一遍又一遍，好幾個月才回一次家；就算是假期裡回到家，也總捱不過一個星期，整個心神都飛往自己工作的城市，以及朋友身邊。有一次回到家，媽媽正在廚房包水餃，吃飯時，爸爸忽然笑著對我說：「妹妹啊！爸爸要感謝妳，要不是妳回來，妳媽才不會給我包餃子吃。」看著爸慢條斯理地吃著，我愣住了，我到底多久不曾和爸媽好好吃一頓飯了？

之前，爸媽老是叮嚀我要常打電話回家，我常想，又沒有什麼事情，有什麼好講的？但看著家中冷清的氣氛，相對著因我回家而熱絡起來的情緒，我突然發現，他們是寂寞了吧？他們只是想聽聽我的聲音，隨便聊聊，哪怕電話兩端有一時的沉默也好。但這些用不了幾分鐘的事情，花不了幾塊錢的事情，我卻遲遲難以做到。

我每天跟朋友聊天八卦的時間何止幾分鐘，甚至有時候還長達一、兩個小時，但是面對關心我的爸媽，我卻吝嗇那幾分鐘的時間。於是我給了自己一個目標：從每天打電話報平安做起！就算只是說聲「晚安」也好，至少可以讓爸媽聽聽我的聲音。

剛開始的前幾天，爸媽很錯愕，直問我是不是發生了什麼事？我裝做若無其事，淡淡地說只想報個平安而已。一個禮拜過去，我們好像有了默契一般，爸媽不再問我原因，而是每天晚上固定時間接起我的電話，從「晚安、掰掰」，一直延續到現在每天聊天十分鐘。我從來不知道，我和爸媽也能有這麼多話題能聊。

爸媽的期望真的好小，每天十分鐘的電話，聽我說些生活瑣事或抱怨，就能得到生活中的依靠和安慰。接下來，或許我會提高目標，嘗試「每週回家吃頓飯」，說不定也會有意想不到的效果？

第23件

替爸媽安排一次約會

每到結婚紀念日這一天，總會想起多年前，那個又幸福又忙亂的婚禮。雖然已不太記得當天許多的流程細節，但我卻記得那天自己緊牽著另一半的手，在所有的親戚朋友們的祝賀下，一起舉杯見證我們的幸福。

某天傍晚，看見媽媽正在整理一些舊相簿，無意中瞥到了爸媽的結婚相片。我好奇地走到媽媽身旁，坐下一看，其中還有不少宴客的照片呢！雖然照片中爸爸穿著帥氣的西裝，媽媽也穿著美麗的西式婚紗，但總覺得他們表情好像有點僵硬與陌生，原來那個年代相親結婚是很常見的，所以爸媽結婚前僅僅約會過一次。

自我有記憶開始，爸媽從來沒有慶祝過「結婚紀念日」。至今他們已經結髮超過三十五年，我不禁懷疑，搞不好老爸早就忘記自己是哪一天結婚的了。但是媽媽從沒有忘記過，只是過去都不好意思自己提及，一直到我也結婚生子，媽媽知道我每一年都會帶老婆去慶祝「結婚紀念日」，溫習兩人世界，才開始有意無意地在爸爸面前抱怨：「爸爸都沒有送過花給我……」「爸爸都沒有帶我出去約會過……」然而木訥的爸爸可能是不知道該怎麼回應，只是默不作聲地看著電視。

爸爸的個性一向拘謹嚴肅，從來不會對媽媽說些溫柔體貼的話，也不曾帶媽媽到一些氣氛好的餐廳用餐。看著頭上白髮滿布的爸媽，我突發奇想，何不在爸媽結婚紀念日那一天，幫爸媽安排一些驚喜呢？

紀念日的前一週，我打電話對爸媽說：「下個禮拜天我們一起去外面吃飯，記得要穿得漂亮一點喔！」約定好時間地點，打點好餐廳和菜單，我幫爸媽籌備了第一次約會。

那天晚上，我打了電話回家，電話中的媽媽笑著罵我：「無聊！兩個人吃有什麼意思，幹嘛不大家一起吃呢？以後不要再花這種錢了……」我聽得出來，媽媽語氣中的一絲驚喜。我不禁打趣地說：「那下次你們要不要和我們一起慶祝結婚紀念日啊？這樣我們可以一起約會喔！」

媽媽笑了。我想，如果這樣可以讓爸媽開心，只要費一點點心思，就能讓他們念念不忘，做子女的我何樂而不為呢？

第 24 件

教爸媽用電腦

年邁的爸媽對電腦的概念，來自於電視上的一句廣告詞：「電腦也會選花生喔！」不知是哪位廣告高人發明了這句驚世駭俗的廣告詞，從此讓身為子女的我，即使費盡唇舌，也無法讓我的爸媽了解網路到底是怎麼一回事。他們怎樣也無法想像，竟然可以透過網路視訊，讓遠在大陸居住的妹妹一家人，可以清晰地呈現在畫面上傳達到他們眼前，讓他們天涯咫尺也能療慰相思之情。

媽媽不止一次問我，電腦為什麼會選花生？為什麼隔著十萬八千里，一樣可以看見她女兒的影像？對我來說，這些簡單到等同於人為何要吃三餐的問題，曾經讓我啼笑皆非也讓我有口莫辯。更扯的是，媽媽也想學這種高科技的煮花生方法，嘗試看看到底有沒有比較好吃？

老人家的理解有限，其實很難對他們說什麼是ADSL或什麼是光纖，這些專有名詞一旦脫口而出，無異是一個問題再衍生另一個問題。後來我發現這樣的回答簡直就是自找麻煩，最後都是舉白旗倉皇而逃。

問題沒有被徹底解決，爸媽開始對我抱怨，他們說，程度沒他們好的姨媽都已經學會用電腦打給遠嫁日本的表妹，而我卻口口聲聲說沒時間教他們，有一個身為科技新貴的兒子，卻連電腦怎麼用都搞不清楚。他們臉上微慍，但我聽得出語氣中的那股失落感，那是我第一次看見他們覺得自己落伍了的表情，而且我知道，他們不想只能在我回家的日子，才能看到我和遠在大陸的妹妹和寶貝孫。

為了彌補爸媽的缺憾，我終於搬了一部電腦回家，盡量用最簡單的方式教他們開機、上網、連線。當彼端的妹妹畫面出現在他們眼前時，兩個老人家如小孩般地你一言我一語搶著跟他們的女兒說話。媽媽還不放心地偷偷問我：「國際電話打這麼久，電話費會不會很貴？」我笑著摟著媽媽的肩說：「妳現在是科技新貴，電腦會幫妳買單啦！」

媽媽聽得一頭霧水，我卻感到無比的安慰。雖然可能得一次又一次重複說明，但看到他們驚喜的表情，多做幾次又有什麼關係？

坐爸爸的摩托車

第95件

爸爸的個性沉默，嗜好是騎著摩托車到處蹓躂。他的摩托車是家裡唯一的交通工具，小時候，他總是騎車載我們一家五口，搖搖晃晃地出遊。

上高中那年，學校離家太遠，沒抽到宿舍的我只好在學校附近租屋。入住那天，我們是最晚抵達的，其他同學的爸媽很快地繳完錢，便帶著自己的女兒與房東道別離去，但是爸爸始終靜靜地坐在一旁，過了一會兒才聽見爸爸低聲說：「不好意思，那個租金跟押金啊……我可以先付一半嗎？下個月我再補給您？」房東太太爽朗地笑著，直說沒關係沒關係。

我看見爸爸從口袋裡小心翼翼地掏出一疊皺皺的鈔票，他一張一張地整好，仔細地數過，然後雙手遞給房東太太。他轉頭，眼神剛好與我對上，我撇開臉，若無其事地走到他身旁，假裝自己才剛從房裡走出來。

摩托車停在空蕩蕩的路旁，我坐在爸爸身後，手自動環住他的腰，我承認，自己抱得比平常更緊。風呼嘯著，看著一路往後的街道風景，爸爸突然說：「妹啊，妳會不會覺得爸爸很沒用，都沒有賺很多錢，讓你們過好一點的生活？」聽到這句話，我的眼淚突然衝上來。雖然爸爸看不見我的臉，我還是倔強地把頭埋在他背上。「才不會咧！我根本不在意好不好！」我用爸爸最常笑我的不耐煩口吻說著。

事。

「是喔。」我只看見前頭的爸爸點了點頭，就這樣，我們沒再提起過這件事。

五年前，爸爸因為肺炎併發多種症狀，好不容易把他從死神手中拉回來，但他的行動已不若以往靈活。出院後的某一天，陽光普照，經過社區大門時，我看見那台爸爸經常騎的摩托車已經蒙塵了，連車牌都快看不出顏色。我腦中浮現一個大膽的念頭。回到家，我故作困擾地跟爸爸說：「爸，我想去比較遠的市場買東西耶，你要不要載我？」

爸爸原本眼神呆滯地盯著電視，突然轉過頭來，眼中綻出光芒，說：「是喔？好哇。」他顫顫巍巍地起身，我攙扶著他緩步到樓下，讓他坐上摩托車，我也上了後座，習慣性地抱他的腰。爸爸瘦好多啊……這車速不到四十吧，根本吹不乾我的眼淚。不過，我的心是滿足欣慰的。

我的爸爸不需要很有錢，不需要有很大的成就，只要能在我需要的時候，依然可以健健康康、載著我到處跑。

爸爸，我只要能這樣，就夠了。

第26件

一起跳舞吧

公園裡，三、四十人一起擺著同樣的步伐，搭配著整齊劃一的酒紅POLO衫、白長褲，在燈光與月光的掩映下，煞是好看。當然，如果能把最後一排，老是跟不上拍子的我從畫面中拿掉，一定會更好看一些。

和老媽一起加入社區的土風舞社已經有兩個月時間，顯然我並沒有遺傳到老媽的舞蹈細胞，因為從陌生到熟悉，老媽只花了兩個禮拜的時間，不像我直到現在，還像個脊椎僵直症患者一樣，每次只敢躲在隊伍最角落的地方，苟且跳完全程。

半年前，老媽因為血壓飆高突然昏倒，讓一家子不得不正視，一向把大家照顧得好好的老媽，身體狀況已大不如前。也因為如此，兄弟姊妹們紛紛搶著認領家事。神奇的是，為了趕著下班幫老媽分擔家務，全家人的作息都變得正常許多，連大嫂也忍不住說她是這次事件的最大受益者，因為以前她怎麼勸哥哥少應酬、多陪家人都沒有效果，現在好像撿回了一個好老公。

唯一抗議的，只有一點小事都碰不得的老媽，她說再這麼閒下去，她沒病也會悶出病來。這才讓我們改弦易轍，決定讓媽透過運動來強身健體。氣功、瑜珈和爬山，都曾是我們建議的選項，只是都遭到老媽反對。前兩者是因為要花錢，後者則因老媽膝蓋曾動過手術而作罷。

後來，還是老媽主動提了：「社區裡的土風舞社好像很不錯，連服裝都是管委會出錢買的。不如，小萍，妳跟妳大嫂都一起來吧！反正交了那麼久的錢，不去用不是很浪費？」只能說，果然是家庭主婦，每分錢都得花在刀口上，而花出去的每分錢都要用到極致！

就這樣，我和大嫂開始「輪班」，陪媽媽參加了土風舞社。其實轉念想想，如果不是這樣，我已經很少在晚餐時間吃到熱騰騰的飯了，也沒機會在這樣涼風襲人的公園裡跳舞、散步。

和老媽一同走回家的路上，覺得運動過的筋骨果然變得輕鬆很多。心裡也開始想，幹嘛熬夜趕工作呢？回去洗過澡後，還是看個電視、早早上床睡覺，明天神清氣爽再起來工作吧！

說聲對不起

7
件

第 2

「我沒有你們這樣的爸媽！」

這不是連續劇的台詞，是我二十四歲那一年對爸媽說的話。

血緣上，爸爸媽媽是我的養父母，我從沒見過親生父母，會知道這些事是因為我被領養時，已經是個六歲的大小孩了。老天另外還開了我一個玩笑，多年不孕的養母，一年後居然懷孕並生下了弟弟！儘管爸媽盡可能注意我的感受和公平問題，但我心底深處始終認為自己是個外人。

學業成績一向中上的我，在大學四年級時向爸爸提起出國唸書的意願，當時爸爸告訴我他有困難，也許等退伍後我先出社會工作再說。還沒到退伍，我便著手開始找工作，也許是我把標準設得太高，求職的過程帶給我很大的挫折感。

某一天下午，在另一個失敗的面試後我回到家，剛進門就隱約聽到父母親熱烈地討論著，住在加拿大的姑姑說當地的大學有很不錯的招生計畫，並提供優渥的獎學金制度，而且姑姑願意管吃管住，讓他們把今年高中畢業的弟弟送過去唸書。對我來說，這又是另一個重擊，我不聽父母的解釋和他們大吵了一架，而且說了不該說的話。爸爸動了氣要我出去，之後整整六年，我沒有再回過這個家。

再次見到爸媽，是在醫院的加護病房裡，媽媽癌症復發並移轉到其他器官，已經是末期了。在醫院的餐廳裡，我們兄弟心平氣和地談著，弟弟知道我離家的原因，也問過爸爸之前為什麼不讓我出國。爸爸說那年剛好是媽媽第一次發現罹癌，為了不讓我們擔心，媽媽住院期間就說是暫時回外婆家。爸爸擔心醫療費用不夠用，只好忍痛拒絕了我的要求。後來媽媽的病況好轉，爸爸也比較能專心工作，家中經濟穩定下來，加上姑姑又提出了熱烈的邀請，所以爸媽才考慮送弟弟出國。沒想到種種因素，竟造成了莫大的誤會，讓我對有十八年養育之恩的父母說出了這樣不堪的話。

在媽媽的病榻前，我下跪失聲痛哭，請爸媽原諒我的無知和無情。媽媽虛弱地拉著我的手，爸爸則拍著我的背直說：「回來就好，我和你媽都很想你！」及時的真心懺悔，讓我再度回到溫暖的家，縱然要說千次、萬次「對不起」我都願意！

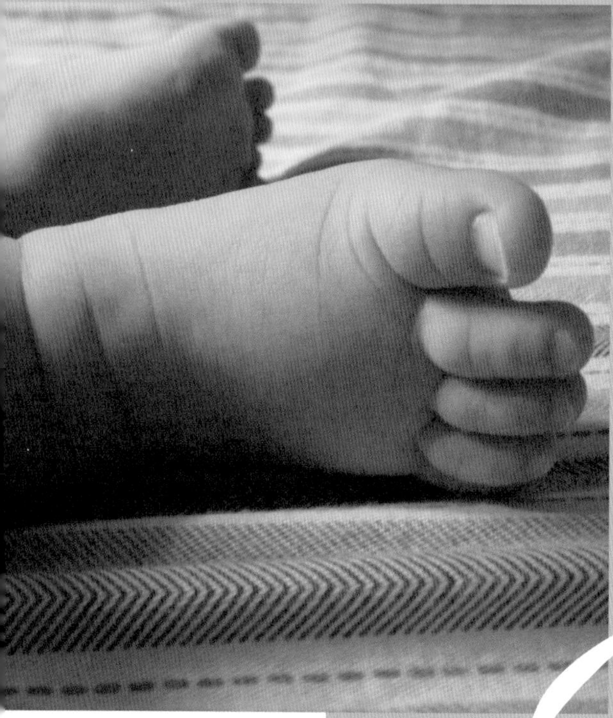

第 28 件

一起看兒時相片

有多久沒有看過真正的「相片」了？

現在大家習慣用數位相機拍照，連手機都可隨手拍，甚至馬上上傳網路同時和許多人分享。而「相片」，已經從實體的紙張變成了影像檔案的代名詞了。

但這麼一來，影像記憶有了斷層，那些沒有數位相機的年代裡，我們的身影似乎逐漸淡去。

第一次想去翻小時候的照片，是因為姑媽的一聲驚呼。那是在我坐完月子，請親朋好友們喝滿月酒的筵席上，姑媽對著我和媽媽說：「哎唷！這丫頭，跟雲芊小時候一模一樣啊！」這句話引起了我的好奇，媽媽笑著點頭附和著說：「可不是，那一頭又黑又密的頭髮簡直就是翻版。」這麼說起來我好像也有點印象，為了幫小Baby架一個部落格，我決定回娘家翻找「歷史資料」出來做對照。

為了找齊這些舊照片，我們母女費了九牛二虎之力，把散在家裡各個角落的相片蒐集齊了，太髒太破的相簿必須汰換，我小心翼翼地把已經發黃、甚至有些受潮的相片一一取出來攤開。整理的過程中，我拉著媽媽幫我認出相片中的人物和場景，仔細一看，有些相片還是我出生前爸爸和媽媽出遊的情景呢！

看著二、三十年的人、事、時、地、物又一一浮現眼前，媽媽也忍不住把爸爸拉過來，細數過去的點點滴滴。生命中每個重要時刻、婚喪喜慶、出遊踏青，不管是好氣的或好笑的，到現在都是珍貴的回憶，不過由於保存條件不佳，有些相片恐怕再過幾年真的就要模糊得看不清楚。

因此，我決定把公司的工讀生妹妹找來家裡打工，請她幫忙把所有的相片用數位相機翻拍下來，並且按照規則加以分門別類，存在不同的記憶卡裡；至於翻拍完的照片，則重新裝進新的相本，並放入乾燥劑延長保限年限。

翻拍整理過的相片，讓爸爸媽媽如獲至寶，此後但凡有至親好友來訪時，爸媽就會拿出電腦和記憶卡一一播放，同時還會考考對方記不記得當時的情景，討論之熱絡彷佛益智節目的搶答一般，讓家裡不時多了一些歡笑聲。誰說科技是冰冷的，如此一來，「家族」的記憶不就能流傳得更久遠了嗎？

回鄉下種田

第 29 件

我的爸媽本來是在鄉下種菜的菜農，因為我們的升學和就業問題，毅然放棄家裡的土地，帶著我們搬到城市，從一個只會種菜的農夫，搖身成為超商的加盟商。

我們一家人就在擁擠的城市住了十多年，午夜夢迴黃粱一夢，爸媽雖然不提南部老家的事，但我了解他們內心從未斷絕過對家鄉土地的思念。陽台的盆栽種的不是觀賞類的花草，而是按照時序播種的菜苗，當爸媽採摘新鮮的青菜時，才會看見他們久未露面的笑臉。

當年爸爸鼓起勇氣提議分家，要把農地賣掉到北部發展時，大伯以田地是祖先傳下來，且有爺爺奶奶的墳墓安葬於上，因此斷然拒絕爸爸的提議。媽媽站在爸爸這一邊，一路與大伯家人據理力爭，甚至被冠上不孝媳婦的罪名。許多晚上，媽媽一個人暗自啜泣，我想起奶奶過世時，媳婦中只有媽媽幫奶奶淨身穿上最後的壽服，而現在她卻被指謫為搧風點火的驚世媳婦，只有我知道，爸媽所受的委屈是為了守護子女的未來人生。

北上那天，爸爸忙著搬行李，我則捧著祖先牌位，而媽媽一路緊隨生怕我跌倒撞壞祖先牌位。從此，我們離開了家鄉，在親友的鄙夷注視下，幾十年來我們從未返回家鄉一次。思念，就這樣在爸媽的惆悵中，隨著歲月與日俱增。

春天時風一吹來，爸爸聞著空氣中的濕度，不自覺地會說：「這個時候要開始種高麗菜了！」媽媽聽到後，總是笑說：「你真的是勞碌命，老闆不當老想著種菜！」

其實媽媽又何嘗不是？蘿蔔大降價時，她也會買一堆回家，小心地清洗後切片，然後一片片串起來，掛在陽台曬太陽做蘿蔔乾。他們來自農村庄稼，即使命運迫使他們棄農從商，骨子裡他們仍然執拗地依循著農家的規律過生活。

入秋季節，我想起田裡紅澄澄的辣椒園，這時的辣椒無敵辣，旁邊就是爺爺奶奶的墳墓，我想，該帶著爸媽回家了！帶著他們重回我們的土地，再墾一畝良田，重新撒上種子，看著生命茁壯的奇蹟，我想爸媽的笑容會比坐在收銀台旁更燦爛。

我想著，咬一口秋天的辣椒，媽媽一定會皺著臉說：「辣死了！」然後格格地笑個不停。

第30件

和爸爸下一盤棋

只有二、三坪大，卻擠了十來人的騎樓下，只聽得到泡茶桌上開水沸騰的聲音，對弈的兩人一個搔首踟躕，一個好整以暇，還邊負責招呼圍觀的張三、李四、王五喝茶，後者是我老爸，而前者，則是我公司裡慕名前來挑戰的同事。

四十歲以前，我們的父子關係一向乏善可陳，甚至，我是恨我爸爸的。打我有記憶以來，我的童年、青年時期，只有我和母親相處的印象，父親不是在牌桌上，就是在往牌友家的路上。母親在壯年去世，固然是因為癌症，但年輕時幾度為老爸欠下的賭債四處標會、借貸，甚至還得隱忍他在打牌場合惹來的風流韻事，相信絕脫不了干係。

會把自己的黃金歲月都浪費在賭桌上，甚至賠上家庭、賠上健康，到底是什麼樣的腦袋？從小到大，每當看到父親帶著一夜沒睡的疲憊回家時，心裡總是會升起這個疑問。因為這樣，讓我更努力念書、更努力往上爬，「錢多事少離家近」這種工作態度，是我最抗拒和鄙夷的，因為我內心深信，是太清閒、缺乏挑戰的公務員生涯腐化了他，也毀了我們家。

媽媽過世後，我和爸爸開始不得不相依為命，而開始對他改觀，卻是在大兒子生下來之後。從來沒在親友面前得過好臉色的他，竟然不費絲毫力氣就得到小孩滿心的愛戴，或許也因為爸爸是最沒架子的長輩吧！

第一次和父親下棋，是為了征服一個難纏而好棋藝的客戶。當時爸爸說：「你要一下子追上他的功力，是不可能的，所以第一堂課，我要教你的是『棋品』，以及如何透過對方出招的方式來了解對方。」

有了名師，讓我一戰成名。更重要的是，因為和對方相談甚歡，又為日後創造了不少機會。同事們也因此，開始開玩笑地把我家當成「象棋教室」。

但讓一干自認馳騁商場多年的老業務們意外的是，後來最大的收穫，卻是從父親和鄰居那些看來垂垂老矣的老人家身上，所學到的「觀人術」與人情世故。

牌桌上的父親，曾是我最痛恨的。但在同樣需要鬥智、耗腦力的棋局中，卻讓我們父子間有了圓滿的機會。生命中的得與失，有時是很難計較清楚的，但或許，我們都有努力將它變得圓滿的能力。

第31件

一起「活到老學到老」

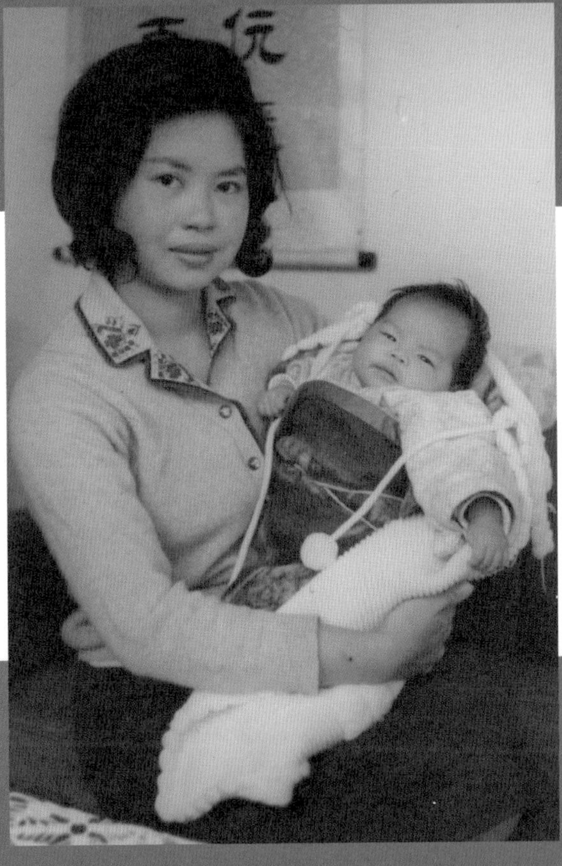

說起我母親的年代，養兒育女是理所當然的事，他們的感情從來不掛在嘴上，只默默拉拔你長大。母親的關心就像是一碗紮實的白米飯，營養豐富且不可或缺；她的愛就是供養你唸書，希望你將來比她好。

我唸書的學費，是母親從家用裡挪出來的。那時候物資貧乏，交通不便，每星期一次，我要搭三小時的煤氣火車，從鎮上到市區去唸女中，平日，就住在學校宿舍裡。開雜貨店的母親每到市區辦貨，都會揹著採辦好的貨品，走一大段遠路，到市郊的學校來看我。

有一次，她看見我的飯盒裡只配了一顆醃梅子，到了第三節下課就餓得吃掉一大半。回家以後，媽媽馬上煮了豬肉，自己一口都沒碰，全都給我帶回學校；媽媽看見同學們都穿著嶄新的制服，同樣想辦法給我做一套，還買了襪子和新鞋，叮嚀我三年都要穿得乾淨整齊。

母親無言的身教，告訴我做人應該安分踏實，把每件事做好。

家裡的大小事，從一家的衣食，到店舖的經營、管理、收支，都由她負責。好幾次，我看見父親晚飯後出去跟人喝茶、打牌，和幾個阿姨有說有笑，心裡很不是滋味，便叫母親也去，她說：「我不愛那個，隨他們去。」我看她從來不去串門子，就問：「大伯母和隔壁三叔家的事，妳不想知道嗎？」她說：「做好自己的本分都來不及，哪有空說人長短。」

媽媽不愛交流八卦，卻會在閒暇時買報來讀，看金價、物價的變動，她說：「人要跟上時代的脈動，開拓自己的眼光。」後來，我年紀漸長，到處遊歷增廣見聞也成了我的興趣和習慣，而媽媽反而成了我的小跟班，我們倆常相約看展，甚至安排短短的知性之旅。

簡單清貧的生活裡，學習就是媽媽最大的快樂。八十歲的媽媽仍然就讀老人大學，甚至還得了全勤精神獎。看著媽媽得意的笑臉，我想，我能為媽媽做的事情並不難，陪著她活到老學到老，每天多看這世界美好的一面，就是讓媽媽最開心的事情了吧！

當媽媽的拐杖

第 32 件

前幾年，媽媽因車禍撞碎了腳踝的小骨，後來外傷好了，也不需借助拐杖行走，但卻已不像過去那樣行動自如，走起路來總是一拐一拐，看來很不舒服。平常喜歡四處趴趴走的媽媽開始變得不太愛出門，雖然我常勸媽媽要多運動，才能恢復得更好，但媽媽卻總是消極地說：「我沒辦法。」

老是悶在家中的媽媽，開朗的笑聲已很少聽見，偶爾還會莫名其妙地發脾氣。白天時她會把自己關在房間裡睡覺，晚上又不知在忙些什麼直到凌晨三、四點才休息。有一次，我在上班時間接到一通電話，電話那頭媽媽錯亂地說著，什麼奶奶晚上託夢給她，家裡有誰出事了之類的事情，受到驚嚇的我，聽到後來才發現媽媽說的全都是一場夢，氣得我對電話那頭的媽媽吼著：「媽！妳清醒點好嗎？不要這樣沒事發神經！」然後逕自就把電話掛了。

那天我提早下班，回到家，發現媽媽一個人坐在沒有開燈的客廳裡，我輕手輕腳地靠近媽媽身邊，輕聲問道：「媽，我回來了，妳怎麼不開燈呢？」媽媽這時抬起頭看著我說：「明啊，你們都沒有人要跟我說話。」又接著說：「我今天想出門去買菜，但是我的腳走不動啊。」我鼻酸地摟著媽媽的肩膀說：「媽，妳的腳沒事的，明天我放假陪妳去買菜好嗎？」

走在清水最熱鬧的市場裡，媽媽挽著我的手，四處東張西望，好久沒看到她這麼生氣勃勃的表情。她說：「今天要做你最喜歡吃的芋頭排骨湯，還有……」我陪著媽媽在市場裡鑽進鑽出，這才發現，就算是我，也禁不住冒了些薄汗，更遑論對於行動不如以往方便的媽媽來說，真是一件非常吃力的工作。

我怎麼會怪媽媽變得不愛出門呢？我突然覺得自己好粗心，如果我能常陪著媽媽出門的話，她應該會更有安全感吧？

看著身旁媽媽開心的笑臉，我緊緊地摟著她的肩膀，從現在開始，我要當媽媽的拐杖，帶給媽媽更多的安全感，讓她不再畏懼走在路上，為她擋住所有危險，就像是她小時候為我做的一樣。

第33件

為爸媽辦一場婚禮

爸媽的婚姻是外公促成的，據說爸爸那時是山區裡一個小火車站的站長，外公常常到山裡買農務用的竹插，幾次往返，外公便注意起這個年輕又陽光的小伙子。

彼此熟稔後，外公常藉喝酒的機會做身家調查，有一天，外公故意把媽媽也叫上山，那時留著短髮清純動人的媽媽，據說在那個小山裡，還引來一陣羅漢腳的騷動。外公也不囉嗦，對著老爸打開天窗說亮話，問說要把女兒送給他，收不收？當公務員的爸爸一個月薪水不過兩百三十元，一個人還過得去，兩個人就有困難了，更何況他是個外省人。在那個反共抗俄的年代，沒家人沒田產孑然一身，突然有人要送他這麼大的禮，簡直比送他炸彈還讓他吃驚。

外公說他不在乎爸爸是本省人或外省人。他只覺得爸爸是老實人，再怎麼樣也不會讓他的女兒吃苦。於是，在外公的明快果決下，爸媽就這麼被送做堆了。事實也證明外公的眼光沒有錯，超過半個世紀的婚姻，爸爸的確是老實地守護著媽媽超過五十年。

不過媽媽也有她的遺憾情結，她總是埋怨外公匆匆把她嫁掉，連個婚紗也沒披過，生怕爸爸會臨時後悔似的。但話說回來，在那個物資缺乏的年代，又有幾個女人可以滿足披上婚紗的夢想？

有次放假返家，媽媽又說起了這段往事，我笑著問爸爸：「老爸，你曾後悔嗎？」爸爸只是笑笑地說：「她也只有在你們回來的時候，才會像個肖查某一樣說個沒完。」「肖查某」是爸爸跟外公學會說的第一句台語，外公總是這麼稱呼外婆，爸爸當時以為那是對老婆的暱稱，所以沿用至今。

「你媽媽是個好女人，如果有下輩子，我還是要找她當老婆。」爸爸輕咳了一聲，似乎說出這句話需要很大的勇氣。

「媽也這麼說，她說她下輩子還是要嫁給妳！」我的眼眶濕濡一片，我媽的確是這麼說的。

如果有機會，我真想讓媽媽穿一次新娘白紗，完成她的願望，並親自見證他們這一輩子執子之手與子偕老的真情。

給爸媽一個溫暖的家

第34件

赤牛欄
48

記憶中，爸爸曾擁有一家頗具規模的工廠，家裡的經濟狀況還不錯，但在我讀大學的時候，工廠因經營不善而倒閉，負債幾千萬，不僅家裡的積蓄全沒了，連我們居住的房子都必須賣掉以償還債務。屋漏偏逢連夜雨，爸爸也因積勞成疾，檢查出肝臟病變而住院。幸好家族的長輩伸出援手，才使得我們仍然能有一個遮風避雨的住處。但從此以後，爸媽便將所有的寄望都投注在我身上，他們用所有的資源栽培我，只希望我以後可以過得比他們好。

畢業後離家工作的我鮮少回家，有一年的除夕晚上，我過了吃團圓飯的時間才到家，一進門才發現，爸媽對著滿桌的菜卻沒有開動，一看見我進門，兩老才露出欣慰的笑容說：「快去洗臉吃飯囉！」我站在門邊驚訝地問道：「阿爸阿母，不是讓你們先吃別等我了嗎？現在已經九點了呢！」媽媽說：「你阿爸說，一定要等你回來一起吃才算是一家團圓啊！」聽到媽媽的話，我愧疚地低著頭，不敢直視爸爸的視線。

一家人難得聚在一起，飯桌上的氣氛卻顯得安靜，此時媽媽突然開口說：「阿駿啊，這房子人家想要收回去了，你阿祖一直要我們搬回老家去，但是你阿爸一直不答應，你幫我勸勸你阿爸！」我還來不及反應，爸爸就搶著說：「你跟阿駿說這些做什麼？這個事情阿爸自己會處理，你過好自己的日子就好，不要操這個心。」

原來，爸媽一直以來都認為他們是我的負擔，家裡大小事都不讓我擔心，連住的地方都快沒有了，都不願意說出口。

回到台北之後，看著這個我一個人獨居的小窩，小雖小，卻是我安全感的來源。我想著遠在故鄉，為了「房事」而煩心的爸媽，我撥了電話回家，說：「阿爸，免煩惱，現在輪到我起一間厝給您了。」我跟阿爸阿母說，這幾年我已經攢了些錢，我要讓他們安養天年，讓他們可以住在屬於自己的家裡，不要再為了何時要搬家而煩惱。

電話那頭靜悄悄，但我彷彿看到阿爸臉龐上滄桑而嚴肅的皺紋漸漸放鬆，露出了多年不見的欣慰表情。此刻，我也終於可以放下多年前就壓在心上的大石頭，一起跟爸媽找回我們過去的幸福時光。

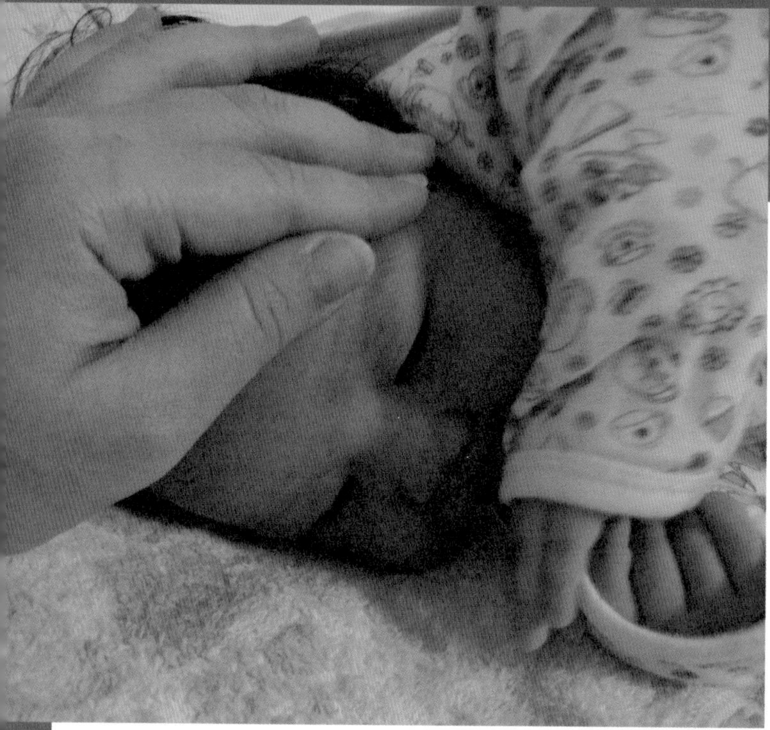

第 35 件

做爸媽的和平天使

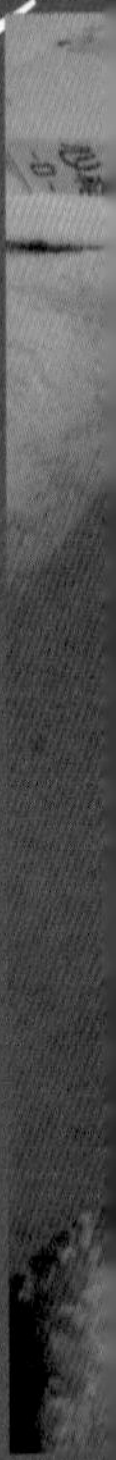

自有記憶以來，父母間的關係就是劍拔弩張、壁壘分明，如果爸爸是無堅不摧的坦克，那麼媽媽絕對是連續掃射的機關槍。我生活在這一片烽火四起的戰場，最後還是受不了煙硝瀰漫的窒息感，終於下定決心脫離我的原生家庭，獨自賃居在外打造自己的天堂樂土。

爸爸是家中長子，向來說話如軍令一般，媽媽是出身望族的大小姐，刁蠻潑辣也是其來有自，這兩顆炸彈被媒妁之言綁在一起之後，只維持了短暫的甜蜜時光，據說生下我之後，便揭開了他們烽火連三月的序幕。

夫妻之間怎麼相處是沒有一個準則的，但我卻成了慘遭池魚之殃的災民。有天，有個老人家跟我說，家家都有本難唸的經，就讓他們繼續吵吧，或許這就是他們生活的動力，哪一天大家不吵了，就表示將有一個人要離開了。老人家的話如醍醐灌頂一般，是啊！都幾十年了，他們一樣唇槍舌戰各不相讓，卻也沒見鬧出人命來，如果這就是生活的力量，我何不樂觀其成當個開心的兒子？

就在我下定決心之後不久，我家戰場又投下了一顆史無前例的核彈。某天早上七點多，媽媽打電話來，劈頭一句就是：「我再也不能忍了，我要跟你爸離婚！」離婚？兩個人都七十多了離什麼婚？媽媽說，早飯粥裡出現了指甲碎片，家裡就她和我爸兩人，證據直指我爸居心不良想把她毒啞；我爸則是死命否認，直說我媽栽贓嫁禍不可理喻。兩人戰火奔騰煙霧瀰漫，這次換我也不能忍了，我情緒失控地大吼：「就算吃到指甲也不會變啞巴，你們不要再吵來吵去了，別逼我搬去非洲永遠不回家。」

無心插柳柳成蔭，當我無心地變成英勇戰士加入戰局後，他們的聲音突然變小了，他們即使吵得你死我活，但基於我是他們共同的寶貝，他們竟也在我面前有志一同地忍氣吞聲，維持假面和平。那時我才發現，我竟然是維繫他們恐怖平衡的最佳利器。

於是我開竅了，如果要我在父母的有生之年，做一件讓他們開心的事，不是帶他們去旅行，不是聽他們在旅程中彼此討伐，而是留在他們身邊，繼續扮演第三勢力的和平天使，為他們開拓屬於他們的和平樂土。

第36件

拍一張全家福照片

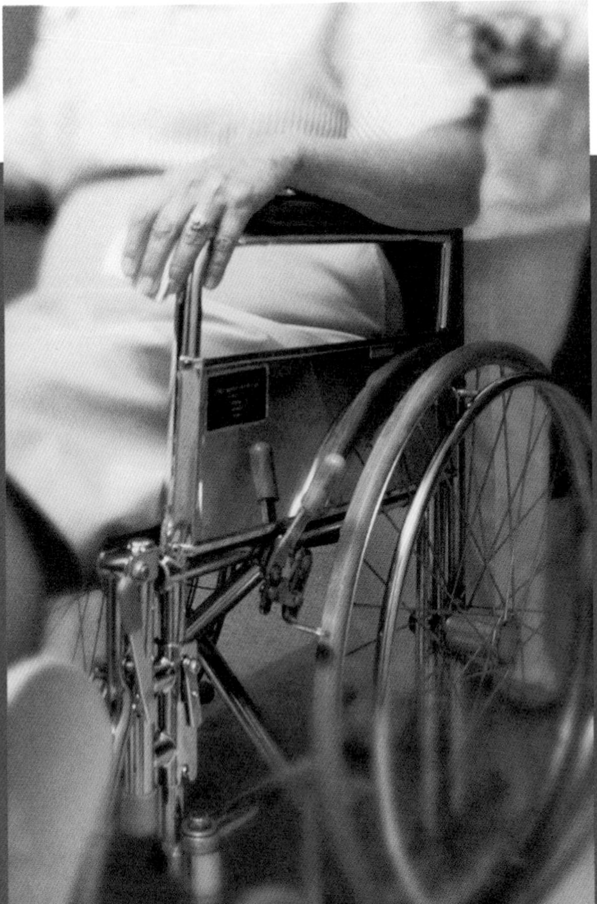

從爸爸開始酗酒那天起，家族裡人人都把他視為帶疫的老鼠。弟弟自小就半工半讀搬出去了，而大姊在十六歲的時候，就決定嫁給工廠裡的領班，遠離這個煉火地獄。大姊很少回娘家，有時打電話給她，讓她有空回家看看媽媽，大姊總是說，小孩最近要考試，等有空再說。然後話鋒一轉，就問了我的身體狀況如何？我佯作沒事，心裡卻對那個時常會隱隱作痛的部位，感到憂心與恐懼。

那次也是爸爸酗酒後的作品，他只要喝了酒就會變成厲鬼的化身，目露兇光將家裡的人當作攻擊的標靶。那次他又逼媽媽把錢拿出來，媽媽說她真的沒有錢了，爸爸不信，抓著媽媽的頭髮死命地打。我急忙過去抱住媽媽，在熏天的酒臭中，最後一個記憶是脊背一陣劇痛。

當我再度醒來時，我發現自己正躺在六個人一間的大病房中，護士說我是腎臟破裂被送進醫院急救。那天下午，媽媽來醫院看我，她把存摺放在我的手上，悄聲地對我說：「妳也走吧，妳再不走早晚也會被妳爸打死，他的酒精病這輩子就是這樣了！」

出院後，我把存摺放回媽媽的祕密保險箱，那是祖先牌位的後方，媽媽說爸爸就算膽大包天也不敢摔祖先牌位。我休息了一個月後又開始上班，從那次以後，爸爸收斂很多，他知道他差點闖了大禍。我仍然住在家裡，媽媽守護著爸爸而不忍離去，我就必須要守護媽媽，甚至守護著爸爸。

這幾年爸爸老了，他不再發酒瘋，只是比以前更沉默。有一次我趁他睡著，想在他的皮夾裡塞一點零用錢給他。他皮夾裡包著護身符的紅紙已經破舊，正想幫他換，仔細一看，才發現那不是護身符，而是一張我們小時候拍的全家福照片，大姊和我站在爸媽前面，爸爸抱著弟弟，全家人都笑得很開心。

我看著照片，鼻頭一陣酸，我怎麼不記得曾經擁有過這樣的記憶？

一生不得志的爸爸，此刻在我面前呼呼睡去，原來他的心中也埋藏著無法說出的祕密。我偷偷地把照片拿去翻拍加洗，還加了護貝，真希望有一天，我們家還有機會站在一起，拍一張這樣溫馨和睦的全家福照片。

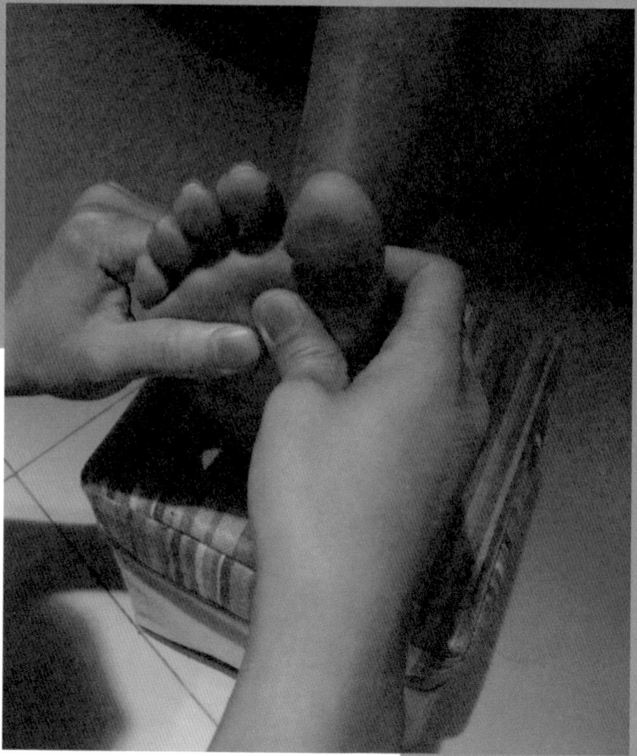

腳底按摩

第37件

前幾天和爸媽一起吃飯時，爸爸不禁感嘆地說：「你們一年回來兩次，每見一次，我們家人見面的機會就少一次啊！」初時我還聽不大明白，什麼多一次少一次的？而媽媽只是笑笑地接著爸爸的話說：「不會啦，算命的說你會活到一百歲啦！」

晚飯後，爸爸總喜歡和媽媽到附近的小公園散散步，看著他們的背影，兩個老人在微黃的路燈下，一瘸一拐地走著，身影看來顯得格外孤單蕭瑟。前幾年爸爸中風後，身形一下子衰老很多，媽媽花了兩年的時間，每天不間斷地幫爸爸按摩，才讓他不需要人扶或拐杖支撐，每當別人驚訝於他完全看不出來曾經中風時，他總是驕傲地說都是媽媽的功勞。

媽媽為了爸爸的健康的確花了很多的心力，但也付出了自己的健康。某次她騎車出去買爸爸愛吃的花捲時，在十字路口為了躲避一個小孩，整個人失去重心摔在路旁，機車壓斷了她的腳踝。好心的路人送她去醫院，到了醫院後她才打電話回家給爸爸。

在北部的我那天心神不寧，一整天做不了一件事，直到下午爸爸打電話給我，他在電話那頭泣不成聲，對我說媽媽出了車禍現在醫院急救。他的語言功能尚未完全恢復，說話又急又邊痛哭，我勸他別急我馬上回去。掛斷電話後，我立刻向公司告假，直奔松山機場返回南部。

那兩年是我家的多事之秋，爸媽雙雙在健康上亮紅燈，在此之前，我從不覺得我的父母是一對老人。聽見爸爸說「見一次少一次」，再看看他們痀僂的背影，我心裡滿是恐懼，生怕那一天會戛然而至。

有次到大陸旅遊，導遊帶大家去做足底按摩，店門口貼著斗大的字：「人老足先衰」。這一句話給了我很大的感觸，如果透過足底按摩穴位反射，可以增進爸媽的健康，那麼身為子女的我如果擁有這樣的技藝，對他們豈不是很有幫助？

現在的我，已經學會了基本的腳底穴位辨認，只要每次回家，我都會用熱水幫他們溫腳，再幫他們推、拿、搓、揉、點、壓。我相信，每見一次不是少一次，而是多一次的健康，也多一次溫暖的回憶。

和爸媽說故事

第 38 件

大學畢業後，熱愛旅遊的我立刻加入了導遊行列，每年有大半時間都在飛機上，剩下的時間就是在世界各國來回穿梭。每到一個地方，我總是會遵照媽媽的指示，在第一時間傳簡訊回去報平安。

導遊工作是很忙碌的，一團接過一團，慢慢地，媽媽開始抱怨我回家也不去看看他們，我除了一再地道歉之外，就是把回家面見父母這件事，全權交給老婆和孩子處理。於是，在過去那近二十年中，每一次家裡發生大事，我幾乎都是在國外接到電話才知道消息。最嚴重的幾次，是爸爸心肌梗塞住院、媽媽出了車禍在醫院做緊急手術，老婆不敢不跟我說，但我人在國外，除了乾著急也沒有其他辦法。我仍然得忍住心中的懸念，笑臉迎向每一個旅途中的客人。

那一次，媽媽的車禍手術據說是從鬼門關硬搶回來的。那時我正在法國的普羅旺斯，白天我依然強裝著一張笑臉，到了夜深人靜時，我才突然意識到這些年我闖南跑北，離開父母、妻女，只是為了能讓家裡人過上好日子，但當家人最需要我在身邊時，我卻愛莫能助。如果發生了任何生離死別的事情，我賺再多的錢又能挽回什麼？

我還想起有次獲得了兩張到瑞士的免費機票，我熱烈地邀請父母與我一起前往，媽媽卻在電話那頭拒絕了。她說她和爸爸都已七、八十了，再也沒有那個體力跑了，還是把機會留給她的媳婦和孫子吧！我的心情突然盪到谷底，我怎麼就沒想過爸媽的年紀已經老邁，而自己卻仍懵懂不察？

那晚，我決定該是退休的時候了，回故鄉做一點小生意，大家聚在一起多好！我打算把我遊歷過的每一個國家的照片整理出來，跟他們說每一個國家的風景、每一個旅程中的心得，並且告訴他們發生在旅客身上的趣事。

當爸媽的兒子近五十年，我相信他們對我的了解有大半是空白的，我想用每一張照片的故事，告訴他們我去過的每一個地方，讓他們身歷其境地與我一起周遊世界，而我也不必再用簡訊傳達：「我到了！你們保重！」

第39件

讓媽媽撒嬌

當我用擰乾的熱毛巾，幫母親擦澡時，她總會發出很愉快的聲音：「足好耶！」

春天時，母親為了挪移圍牆上的盆景，從高腳椅上摔了下來，傷到脊椎後，從此健朗的身體就日漸衰弱。六月時的一個週末，媽媽又因血糖太低導致休克昏迷，在加護病房住了幾天才轉到普通病房。之後出院回家，她便經常處於神智不清的狀態。

每逢週日，我會煮些鬆軟的食物餵她，有時母親會像小孩，躺在床上喃喃地叫著：「阿母！阿母！我足艱苦！」外婆在媽媽很小的時候就過世了，身為長女的媽媽必須肩負起照顧弟妹的責任，她還沒長大，就必須強迫自己成為小大人，除了照顧自己之外，還要照顧著一家老小的生活瑣事。

我不知道為何媽媽在神智不清楚時，老是叫著「阿母」，或許在她心裡，只有在「媽媽」面前，她才能成為一個能夠撒嬌的女兒吧！

記得有次，媽媽的神智難得清醒，我向她表示，「妳要快點好起來喔！過年時妳女婿會給妳一個大紅包喔！」誰知她只是以虛弱的聲量回應說：「……免啦，我過完年就會死了。」

此語一出，我的心情極其複雜，萬分不捨，卻又轉向思考，母親的一生過得並不順遂，年輕時煩惱父親的浪蕩不負責任、幾個孩子的不成材，都是讓她憂慮的最大主因。她的心上始終壓著沉重的大石頭，所以我倒是蠻慶幸，不清楚的頭腦至少讓她少點煩憂，而企求以死超脫俗世，或許她才能真正安眠。

記憶中曾讀過一則故事，一對分離多年的兄弟，重逢時都已近垂暮之年。見面時他們相互擁抱，兄弟倆在彼此身上，都聞到了死亡的味道。每次看著瘦骨嶙峋、躺在床上的母親，每次幫她換尿布、擦澡或餵食的當下，我也隱約聞到了死亡的味道……

看著已然是風中殘燭的母親，我深深地感嘆著，或許不知何時，一陣風都足以吹熄母親的生命之燭。而在這最後的時間，我願化身成媽媽口中的「阿母」，在媽媽受病痛之苦時給她支撐和安慰，讓她的最後一段時光，也能成為一個小女兒，在阿母的身邊得到溫暖。

第40件

幫爸媽染髮

「妳看，我是不是很多白頭髮？」不知道從何時開始，媽媽老愛問我這個問題，我總是隨便瞥一眼，漫不經心地回答：「年紀大了就會有白頭髮啊！要不然就染一染嘛！」我心想，染髮，多麼平常的事情，不需要白頭髮也可以染啊！愛染什麼顏色都可以，小事一樁。

今年冬天，寒流特多，感冒的人也特多，我不幸地也中獎了。難得發燒的我一連燒了三天，古人說「病去如抽絲」，我這次完全體會到這句話的意義。退燒之後的我連吹風都怕，頭頂總是感覺有一股冷風颼颼，不由得整日套著帽子，以防再次感冒。

病癒之後，某個假日我回家探望爸媽。那天回家的晚，媽媽剛洗完澡正準備休息，高了媽媽一頭的我赫然發現，從何時開始，媽媽頭頂上的白髮幾乎取代了黑髮？這麼冷的天，為何媽媽原本茂密蓬鬆的頭髮，現在卻隱隱地看得到頭皮？

我故作鎮定地問媽媽：「天氣這麼冷，妳有沒有穿暖一點？出門有沒有帶帽子啊？」

「當然有啊，年紀大最怕頭風，風一吹頭就容易痛。妳自己也要注意一點，出門不要忘記帶帽子。」

我心中湧起的不只是愧疚，還有那種不貼心的自責感，我那愛漂亮的媽媽，何時開始頭髮已經變得這麼稀疏和斑白？我卻視而不見，以為媽媽還是記憶中那個年輕體壯的媽媽。

第二天起床，我上街買了平常慣用的染髮劑，純植物染，不傷頭皮，趁著假日有空，我想幫媽媽解決她的煩惱絲。

一切準備妥當，我問媽媽：「小姐，妳想染年輕一點？還是染時髦一點？」媽媽笑著說：「時髦就不必了，年輕一點點就好！」摸著媽媽的頭髮，軟軟細細的，這才發現，媽媽的頭髮少得連半罐染髮劑都用不完，媽媽之前老問我她的頭髮是不是白了？少了？而我卻總是隨便敷衍，今天才赫然驚覺，在我的忽略間，媽媽又老了幾歲？

我強忍著心中苦澀，說：「媽，以後都讓我幫妳染頭髮好不好？」

「那妳要經常回家，不然指望妳喔，頭髮都要全白了。」以後，我不會再那麼大意了，我會成為媽媽的專屬染髮師，定期為媽媽打理，為媽媽多留住一點點年輕時光，也好。

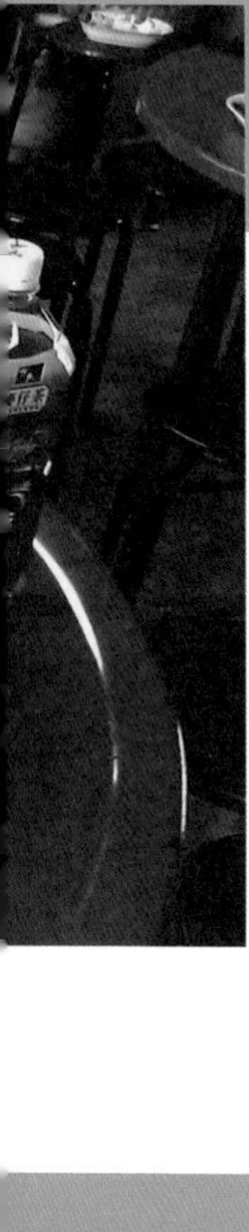

吃一頓團圓飯

第41件

小時候的事情，我記得的很少，可以回憶的畫面也不多，或許我是選擇遺忘吧！

從小我一直以為自己和其他小朋友並沒有兩樣，直到小學老師要我填寫個人資料的時候，我才發現，父親這個欄位，沒有人教會過我。

我的爸媽在我很小時就離異了，關於爸爸的所有印象，都是聽阿嬤、媽媽和姊姊說的。有段時間，我都在幻想爸爸會在巷子口等我放學，會帶我愛喝的小紅莓飲料給我喝，我們可以手牽手回家，和同學一樣，一家人坐在一起吃晚餐。但漸漸地，幻想一再破滅，而我也慢慢懂事了。

那一年，我剛出社會，某天我突然接到台北縣（今新北市）社會局的電話，電話那頭的小姐說，我的父親病倒在路邊，需要我的幫助！我直覺這是詐騙集團，並沒有多加理會。但在經過一次又一次的電話聯繫之後，我和社工人員見面了，她給我看了相關文件，而那也是我第一次看到泛黃照片以外的父親！

躺在病床上的他，雙眼緊閉，和年輕時差異很大，但我一眼就認出來了，因為真的跟我長得很像！後來社會局將他安置到仁愛之家，我和社工說，我想看看他，但我還沒有勇氣相認。我走過穿廊，看到一個憔悴的老人坐在椅子上，兩眼無神看著前方。我緩緩走過他身邊，和他四目交接的剎那，我忍不住抖了一下，覺得他好像認出我了！當下我飛奔而去，心臟跳得好快，腦子裡千頭萬緒，閃過的畫面盡是媽媽說過的話：「你爸爸是個脾氣很好的人……他是華僑……他很優秀、他對我們很好……只是……」接著的總是媽媽的眼淚，而此時，我的眼淚也潸然落下。

我好想問問爸爸，到底發生了什麼事情，讓他寧願流落街頭也不願回家尋求援助？我想，不知道是不是還有那麼一天，一家人可以盡棄前嫌？是不是還有從頭來過的機會？是不是還能看到幻想中的爸爸，站在家門口前等著我回家，一家人坐下來吃一頓團圓飯？不知道是不是還有那麼一天？

乾一杯

第49件

記得某個酒類廣告中，兒子對著爸爸這麼說：「老爸，回家再和您喝一杯！」在我家，和老爸喝一杯的不是兒子，而是我這個從小被管教最嚴的女兒。

我出生在傳統保守的客家家庭，爸爸的形象始終嚴肅不苟言笑，平日強調「食不語、寢不言」，飯桌上不許小孩子吵鬧多嘴，更不要說聊天談心了。久而久之，我們家的小孩個個養成不愛溝通的個性，回到家紛紛回房間做功課或睡懶覺，客廳雖大，但鮮少充滿人聲笑語。

長大後，小孩紛紛到外地求學、就業，雖然假日或年節總會回家，但從小養成的習慣早已固定，回到家也只是匆匆吃一頓飯，挑幾句平淡不會被嘮叨的近況報告，也就算盡了義務了。

直到某年，爸爸因公務被派駐到大陸，我們家眷受到邀請，才有機會一塊到內地去探望爸爸，也順道做一次難得的家庭旅遊。

我記得剛到的那個晚上，老爸公司設宴招待，一桌好酒好菜，或許是看到久別的家人特別開心，那晚老爸眼角的笑紋特別明顯，而他也一反常態地，對著坐在身旁的我說：「妳應該會喝吧？」看著眼前的「白乾」，這是我第一次覺得爸爸把我當作大人看待。我舉起酒杯，就這樣乾了我和老爸的第一杯。

兩年後，老爸退休了，愛喝白乾的他，晚餐時總會和自己小酌一杯。某一次，我因為工作不順，假日返家吃晚餐時，或許是沉悶低落的情緒特別明顯，在飯桌上，老爸突然開口說：「明天不用上班，要不要喝一杯？」

我心想也好，總不能拂了老爸的一片好意，於是老爸和我喝著白乾，老媽喝著葡萄酒，三個人就這麼第一次，在「食不語」的餐桌上聊了起來！雖然我的工作問題仍無法立刻解決，但我的心情卻無比輕鬆，更沒想到，我和父母也能有這樣好好談天的一天。

自此之後，每次回家、每到晚餐時間，老爸總會說：「要不要來一杯？」記憶中嚴肅冰冷的餐桌印象，就這麼被父女小酌的溫暖取代。如果可以，我多希望這樣的小酌時光可以長長久久，一家人喝酒談天，縮短親子間的距離，也製造更多共同的美好回憶。

第43件

和爸媽說謝謝

在我的成長記憶中，爸媽始終採取愛的教育，從來不曾嚴厲打罵，在選擇未來方向時，也總是給我們支持，或者給我們適時的引導。生長在這樣幾乎可說是無憂無慮的家庭中，一直到我長大就業後，才知道原來爸媽為了我們，背負了多麼大的壓力。

我知道家中負債極重，卻一直不知道到底嚴重到何種程度。爸媽從來不說，我們也不知從何問起，直到今年父親在教會中接受眾人的慶賀，恭喜債務清除，並恭賀他晉升為長老時，我們才從父親的感言分享中得知，原來家中的負債，曾經高達兩千多萬！

當下的我和妹妹都非常驚訝，因為即便經濟負擔如此龐大，父母卻從不遷怒、更不將自身的壓力轉移到小孩身上，他們一如既往地教育我們，絲毫沒有焦慮或是不耐的一面。

我們家中經營包子店，母親經常工作到晚上睡覺都不願將內衣鬆脫，只為了一早醒來方便上工；也常為了工作效率，裸著一雙腳在家中穿梭。看著母親細膩的臉孔，卻有雙比大多婦女粗糙的腳，心中就覺得不捨。

記得國小時，有天上課，老師要求同學回家準備一個故事，隔天上台跟大家分享。每回站上講台，總是害羞地無法表達自如的我，為這個作業感到緊張害怕。

回家後，我不過隨口跟爸媽提了一下，便把此事拋到九霄雲外了。沒想到晚上睡覺時，母親來到我的床邊，跟我說了一個美麗的童話故事；過了不久，父親洗完澡從浴室出來，也來到我的身旁，與我分享了另一個動人的故事。他們不約而同地為我說了一個故事，雖然工作又忙又累，但他們仍然將我所說的話，放在心裡最重要的位置。

父母辛苦了一輩子，直到如今，終於卸下重擔，不僅債務還清，孩子也長大了，如果相處的時間，只剩下短短五十六天，我別無所求，只希望能與父母同住，彼此陪伴，每天幫爸媽按摩，減輕他們長年積累的疲勞。正如同聖經中彼此洗腳的意象一般，獻上感激，對我親愛的父母，獻上最深的敬意和謝意。

爸媽，謝謝您。

第44件

當爸媽的司機

那天老媽問我：「妳幫我查查看，要去哪裡辦印鑑證明？」

根據多年來身為女兒的經驗告訴我，這句話應該要翻譯成：「妳可不可以陪我一起去辦證明……」不是命令，不是脅迫，而是一種請求。

老媽是一個很怕麻煩別人的人，任何事，她只要自己能做的，全都會攬在身上，不太會推給別人。即使對方是自己的女兒。

小時候不懂事，總是容易嫌煩，有時候一句話才一個動作，以為自己有做就好，完全聽不出媽媽的話背後的真正含意，以及不敢張揚的請求。

現在長大了，才漸漸明白自己為爸媽做的事真的太少，連聽話都做不好。甚至，有時候我不免會納悶，爸媽把一切都做得好好的了，到底還有什麼事是我能為父母做的？

或許小孩真是父母債，老媽總是用她的方式寵著我們。

剛學會騎摩托車的時候，家裡沒人敢坐我的車，說是與其被我載，還不如載我比較不會心驚膽跳。全家第一個以行動支持我的人，就是老媽。那時，不習慣坐摩托車的她，小心翼翼地坐上後座，不敢抓我，而是緊緊握住車後的把手。剛學會騎車時，最恐怖的就是起步時容易搖晃不穩，駕駛有龍頭可抓反倒不怕，被載的人則是毫無憑靠，只能信賴駕駛。

老媽說：「騎慢一點喔。」

「好，我會慢慢騎。」我回答，但不敢保證。路上紅綠燈不作美，一小段路走走停停，停車起步的驚恐也只能不斷迴圈。好不容易抵達目的地，停好車，拿下安全帽，一看，老媽的臉色有點蒼白。

我說：「很怕嗎？」老媽故作鎮定地說：「嗯，有點怕，不過多騎幾次就不怕了。」我不太確定她是在對我說，還是對自己說。

過馬路時，我牽了媽媽的手，媽媽的手，有點粗糙，有點僵硬，有點微微顫抖。我的手指交錯媽媽的手指，緊緊握住，企圖阻散顫抖，也感謝媽媽對我的信心。

老媽回握了我一下，說：「其實我沒有很怕啦。」她給了我一個微笑，沒有放開我的手。

現在，我已經學會「聽媽媽的話」，不再只是一個口令一個動作。我說：「媽，我查到了，印鑑證明要在戶政事務所辦，我載妳去，好不好？」

幫爸媽辦一張幸福護照

第45件

最近整理老爸的遺物時，看見一本護照，照片上的老爸看起來挺年輕的，而那本護照已經過期很久了。

記得曾經問過老爸：「爸，你有護照耶，好時髦！你要出國嗎？要去哪裡玩？我們也要去！」

老爸只是笑著說：「出國玩？等我們中樂透再說！」

「沒要出國，那你辦護照幹嘛？咦！這本過期了嘛，老爸，你沒用過喔，整本都白白的耶……」接過護照，爸爸隨手翻了翻，便把護照丟回抽屜裡。「那是以前辦的，本來要談生意，後來生意沒了，就沒用啦！」

我的印象很深刻，那時老爸的神情似乎閃過一小抹的遺憾，但很快就用微笑和轉移話題帶過去了。那場討論不了了之，直到再次翻出這本護照，我才想起，那是老爸唯一的一本護照，從來沒有被使用過。

出國，對一般人而言，現在已是稀鬆平常的事，不用等到中樂透，都可以在護照上留下出入境的戳記。旅行，不再是一件極度奢侈的代名詞。可是在當年，竟有那麼多事物絆住了爸媽的腳步，讓他們連在國內旅行的機會都少之又少。

他們所有的歲月都在忙著工作、忙著養家，每一分錢都要精打細算地用在生活上。好不容易兒女漸長，多少能分擔一些家計，好不容易能夠喘點氣，身體卻開始出狀況，彷彿要把過去多年隱忍的一次爆發出來。

「能夠一家相守最後的時光，我已經很欣慰了。以後有機會出國的話，帶你媽媽一起去看看世界吧。」老爸在病床前說過的話，變成了我心底的承諾。

幾年下來，我的承諾還沒實現，老媽的回答總是：「我現在不想去。」不然就是：「玩幾天幾萬塊就沒了，等我們中樂透再說。」我明白，媽媽不是真的不想，而是我還不夠讓她放心，家裡還有太多牽絆。

前些日子，電視上的美食節目播放著北海道的美食之旅，一群人在市場裡大啖海鮮，說是又便宜又好吃。老媽看著看著，喃喃地說：「嗯……那裡看起來好像不錯。」

我說：「媽，等我存好錢，我們全家一起去北海道玩好不好？」

「好啊，那你趕快多賺一點喔，到時候記得幫我辦護照。」

媽媽，我會記得的！這一天很快就到。

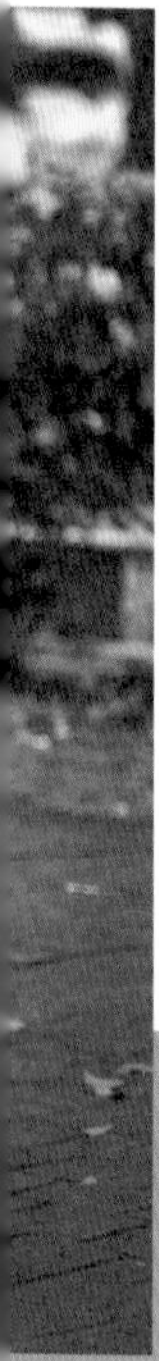

換我照顧您，一輩子

第46件

小時候，我時常埋怨父親轉身離去的背影。

每當家中有事，父親總顯得漠不關心，而無奈的母親只好挺起肩膀，扛起這個有父親卻像沒有父親的家。

記得有一次，我發燒將近四十度，當時天色已經晚了，媽媽求著父親載我們到鎮上找醫師。我病得昏昏沉沉，隱約感覺媽媽著急，四處尋找著燈還亮著的診所，而爸爸則又跑去找朋友，只留下背影給我們焦急如焚的母子倆。

那時的我不明白「貧賤夫妻百事哀」的道理。家裡的農作賣不到好價錢，爸爸承擔經濟壓力，心裡是不如意的。他回家時常發脾氣，有一次喝醉了回來，摔爛廚房那只大同電鍋，還打破廚房一扇木門。我當時長得矮小，心裡很害怕，等爸爸轉身出門，一切平靜以後，自己搬來小木凳，用鐵鎚、釘子慢慢把門修補起來，並埋怨他破壞我們避風遮雨的家。

二專快畢業那年，父親改當砂石車司機，長期嚼檳榔的他，得了口腔癌初期，母親仍然不離不棄地照顧父親，那時開始，我們家才開始像個家。感情凝聚，或許是有失去的可能，我們才更懂得珍惜。

以前，我一直覺得父親不愛我，長大以後，經歷多了之後，我漸漸體會，他撫養我長大、供我讀私校，需要學費、需要錢的時候，他總是想盡辦法滿足我。雖然他曾經有過失意、脾氣不好、反應激烈的時候，但不管怎麼說，我知道他總是愛我的。

生病之後，一向身體強健的父親不時會敲著腰背，說：「真瘦哪。」昏黃的夕照從家門斜照進來，我看見逆光中一個枯瘦的身影，原來父親也會老。

高大的父親已經痴傻，而我也已不是當年那個矮小、只能修補破門的孩子。看著夕陽中的父親，我知道該是時候，換我照顧父母了。那年父親節，我私下訂了一台電動按摩椅，節儉的父母沒有露出喜悅的神情，但早晨下樓來，我看見父親在按摩椅上睡著了，清晨的微光照著他，那畫面給我言詞無法形容的感動。可以照顧父親，我感到很幸福。

如果有機會對父親說句真心話，我會說：「爸，換我照顧您，一輩子。」

國家圖書館出版品預行編目資料

最後56天最想跟爸媽一起做的46件事／春光編輯室著. -- 初版 .-- 臺北市：春光出版：家庭傳媒城邦分公司發行, 民100.04
面； 公分

ISBN 978-986-120-707-0（平裝）

1.孝悌 2.親子關係 3.通俗作品

193.1 100004611

最後56天，最想跟爸媽一起做的那些事【全新封面改版】

作　　者／春光編輯室
文字協力／王樂家、王彥珺、林　安、徐台玲、許淑娟、曾文瑩、游嘉慧、楊秀真、楊志偉、劉毓玫、郭珮甄、賴曉玲、陳恩潔
企劃選書人／林潔欣
責任編輯／劉毓玫、劉瑄

版權行政暨數位業務專員／陳玉鈴
資深版權專員／許儀盈
行銷企劃／陳姿億
行銷業務經理／李振東
總編輯／王雪莉
發行人／何飛鵬
法律顧問／元禾法律事務所　王子文律師
出　　版／春光出版
台北市104中山區民生東路二段 141 號 8 樓
電話：(02) 2500-7008　傳真：(02) 2502-7676
部落格：http://stareast.pixnet.net/blog
E-mail：stareast_service@cite.com.tw
發　　行／英屬蓋曼群島商家庭傳媒股份有限公司城邦分公司
台北市中山區民生東路二段 141 號 11 樓
書虫客服服務專線：(02) 2500-7718 / (02) 2500-7719
24小時傳眞服務：(02) 2500-1990 / (02) 2500-1991
讀者服務信箱E-mail: service@readingclub.com.tw
服務時間：週一至週五上午9:30～12:00，下午13:30～17:00
劃撥帳號：19863813　戶名：書虫股份有限公司
城邦讀書花園網址：www.cite.com.tw
香港發行所／城邦（香港）出版集團有限公司
香港灣仔駱克道 193 號東超商業中心 1 樓
電話：(852) 2508-6231　傳眞：(852) 2578-9337
E-mail : hkcite@biznetvigator.com
馬新發行所／城邦（馬新）出版集團　Cite(M)Sdn. Bhd
41, Jalan Radin Anum, Bandar Baru Sri Petaling,
57000 Kuala Lumpur, Malaysia.
電話: (603) 90578822 傳眞:(603) 90576622
E-mail:cite@cite.com.my

封面設計／萬勝安
內頁排版／Yuju
印　　刷／高典印刷有限公司

■ 2011 年（民 100）4 月 7 日初版一刷
■ 2021 年（民 110）4 月 29 日二版一刷

城邦讀書花園
www.cite.com.tw

售價／320元

ISBN　978-986-120-707-0
EAN　4717702114428

特別感謝照片提供：

王雪莉、李元邦、李幼婷、李汶陵、李振邦、吳孟儒、吳振豪、周岑霓、楊金鐘、莊英傑、賴曉玲、簡如瑾、羅芳珠（以上姓氏按筆劃順序排列）

廣　告　回　函
北區郵政管理登記證
台北廣字第000791號
郵資已付，免貼郵票

104台北市民生東路二段141號11樓

英屬蓋曼群島商家庭傳媒股份有限公司

城邦分公司

請沿虛線對折，謝謝！

遇見春光・生命從此神采飛揚

春光出版

書號：OK0068X　書名：最後56天，最想跟爸媽一起做的那些事【全新封面改版】

請於此處用膠水黏貼

讀者回函卡

謝謝您購買我們出版的書籍！請費心填寫此回函卡，我們將不定期寄上城邦集團最新的出版訊息。

姓名：＿＿＿＿＿＿＿＿＿＿＿＿＿＿＿＿

性別：☐男　☐女

生日：西元＿＿＿＿＿＿年＿＿＿＿＿＿月＿＿＿＿＿＿日

地址：＿＿＿＿＿＿＿＿＿＿＿＿＿＿＿＿＿＿＿＿＿＿＿＿

聯絡電話：＿＿＿＿＿＿＿＿＿＿　傳真：＿＿＿＿＿＿＿＿＿＿

E-mail：＿＿＿＿＿＿＿＿＿＿＿＿＿＿＿＿＿＿＿＿＿＿＿＿

職業：☐1.學生 ☐2.軍公教 ☐3.服務 ☐4.金融 ☐5.製造 ☐6.資訊
☐7.傳播 ☐8.自由業 ☐9.農漁牧 ☐10.家管 ☐11.退休
☐12.其他＿＿＿＿＿＿＿＿＿＿＿＿＿＿＿＿＿＿

您從何種方式得知本書消息？

☐1.書店 ☐2.網路 ☐3.報紙 ☐4.雜誌 ☐5.廣播 ☐6.電視

☐7.親友推薦 ☐8.其他＿＿＿＿＿＿＿＿＿＿＿＿＿＿＿＿

您通常以何種方式購書？

☐1.書店 ☐2.網路 ☐3.傳真訂購 ☐4.郵局劃撥 ☐5.其他＿＿＿＿＿＿

您喜歡閱讀哪些類別的書籍？

☐1.財經商業 ☐2.自然科學 ☐3.歷史 ☐4.法律 ☐5.文學

☐6.休閒旅遊 ☐7.小說 ☐8.人物傳記 ☐9.生活、勵志

☐10.其他＿＿＿＿＿＿＿＿＿＿＿＿＿＿＿＿＿＿＿＿

請於此處用膠水黏貼